书画收藏与投资

SHUHUA SHOUCANG YU TOUZI

陆璐 著

云南出版集团公司
云南科技出版社
·昆明·

图书在版编目（ＣＩＰ）数据

书画收藏与投资 / 陆璐编著. -- 昆明 ： 云南科技出版社，2012.8

ISBN 978-7-5416-6500-4

Ⅰ.①书… Ⅱ.①陆… Ⅲ.①汉字－法书－收藏－中国②中国画－收藏－中国③汉字－法书－艺术市场－中国④中国画－绘画艺术市场－中国 Ⅳ.①G894②J124

中国版本图书馆CIP数据核字(2012)第215940号

责任编辑：唐坤红
　　　　　 洪丽春
封面设计：娄　偻
责任校对：叶水金
责任印制：翟　苑
封面题字：王　邕

云南出版集团公司

云南科技出版社出版发行

（昆明市环城西路609号云南新闻出版大楼　邮政编码：650034）

云南华达印务有限公司印刷　全国新华书店经销

开本：787mm×1092mm　1/16　印张：6.25　字数：140千字

2012年9月第1版　　　2013年2月第2次印刷

定价：36.00元

懷抱觀古今

深心託豪素

陸珧仁棣勵精軍耕屢有新著

問世可喜可賀　陳振濂書

浙江大学教授、著名书画家陈振濂题词

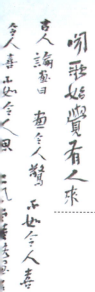

CONTENTS
目　录

中国书画收藏源流

收藏是人类收集、鉴赏、研究具有文化意义的活动，早在人类诞生之初，我们的祖先便在生存斗争中有意识地贮藏劳动果实、猎物及工具等，这是收藏的雏形。随着人类历史的推进，人们不再满足于温饱的需求而逐渐进入文化生活及精神享受的要求。他们把日常生活中用过的陶瓷器皿、青铜器、玉器、货币、装饰品等有意识地保存下来，一则可以继续使用，或作纪念；二则可以把玩，或作欣赏；三则可作物品馈赠亲朋好友。在一些比较富裕的权贵人家和文人士大夫的手中，更有收藏之风，收藏的物品越来越丰富，其中，书画的收藏也开始了，这大概是晋代的事。书画艺术是高雅的文化活动，所以一开始便受到文人士大夫及权贵的青睐。书画艺术薄纸一张，却又是重器一件。如东晋王羲之的书法，可谓字字千金，是贵族争相购藏欣赏把玩的高档艺术品，有一句话说"买王得羊，不失所望"，这里的王指王羲之、王献之，羊指王献之的朋友、弟子羊欣。这句话的意思是说要买"二王"的字，只要能买到羊欣的，也就不为失望了。可见，二王书法的价位和地位。

中国古代美术史料证明，真正中国书画交易在唐代。

唐代书法理论家、收藏鉴赏家张怀瓘，写了一篇有关书法评估的文章，叫《书估》，文章里提到当时的一个书法家

钟绍京，爱好收藏，不惜代价，破产求字画，曾经花费几百万贯巨资，购得王羲之行书五张，并为没有能买到王羲之的楷书而叹惜。唐宣宗时，另一书画收藏家和鉴赏家张彦远认为，董伯仁、展子虔、阎立本、吴道子的画，一扇屏风值二万金，次一等的值一万五千金。张彦远出自宰相世家，其高祖张嘉贞、曾祖张延赏、祖父张弘靖，都是"相继收集名家真迹"，收藏了许多名家精品。由于唐朝文风炽盛，朝廷和社会上人，不惜重价收藏书画，使得书画行情一再看好，如杜甫《夔州歌十绝句》中有："忆昔咸阳都市合，山水之图张卖时"句，这就是当时咸阳书画市场的真实写照。而且唐代，朝廷还专门设置了搜集书画的文官，书画收藏的重视程度可见一斑。

宋代的书画交易相当流行。北京汴梁市集、南京临安勾栏瓦市，都有卖字画、年画的大铺子。其中书画家米芾经常去相国寺，曾用七百金买到唐朝王维的《雪图》，八万金买到徐熙的《桃两枝图》等等。靖康之变，朝廷书画空前大流散，一时民间交易、收藏很多。

买卖书画之风以明清为最盛，这是由于当时城市经济的进一步发展，资本主义萌芽的产生。当时艺术家参与艺术品交易，甚至于以此谋生的也大有人在，自诩"江南第一风流才子"的唐寅便是个中最具代表性的一位。唐伯虎的"不炼金丹不坐禅，不为商贾不耕田。起来就写青山卖，不使人间造孽钱"，还写"谋写一枝新竹卖，市中筒价贱如泥"之类的题画诗，在某种意义上正是反映画家对艺术品交易的态度和对书画市场波动的敏感。文征明、沈周、祝枝山等吴门才子门前也多有求画购画的人。最负盛名的扬州八怪郑板桥、金农等书画家正是出自扬州徽商的高雅文化情趣和异于常人的艺术眼光才得以收藏及流传的。清末民国初以来的吴昌硕、蒲华、溥心畬、陈师曾、齐白石、张大千、任伯年等书画家无不是以卖画为生，并也证明了商业手段对书画家创作的积极支持，真可谓：商家与画家，相看两不厌。

民国初期，文、书、画已名正言顺地成为商品，以北京为例，当时滞留在北京的各种在北京琉璃厂挂出了润笔单的文人有以下几类：①擅书画印，有名气，纯粹是职业书画家；②原为官宦，下野后挂润笔单以示清廉；③身在官场，挂上润笔单，以名养画，以画使名；④收徒传艺。

1957年，中国政府成立了画院和美术家协会，画家都有了各自的工作和收入，抑或在美术学院、大学教学，买卖字画的事慢慢地消失了。"文革"时期，破"四旧"之风，更使字画价值落到低谷。

20世纪80年代以后，特别是实行市场经济以后，书画市场、书画收藏猛然火爆，名家和古代名家字画的天价被不断刷新，80年代末90年代初，出现了中国字画的井喷行情，2000年以后特别是最近五年逐步走向理性和成熟，中国书画收藏业进入了一个崭新的时代。

当代书画收藏特征

　　书画收藏兴起于古代，成型于近代，普及于当代。古往今来，书画收藏无论官方还是民间在保存历史文化，传播文化知识方面所起的积极作用，是有目共睹的。倘若没有古代的字画鉴藏之风，我们今天又哪里去一睹经典书画艺术的风采呢？从书画创作和创造的角度看，书画收藏活动是连接物质生产和精神生活的中介和纽带。从生活方式的角度看，书画收藏又是人类精神文化生活的重要组成部分。

　　正因如此，今天盛世，更应该加大力气研究和投入。

　　有人说，书画收藏是一项与时间、空间共守宁静而且格调高雅的文明活动，她能丰富人们的精神世界，是精神寄托的物化，能稀释和解除人们的苦恼和孤独，补偿人们性格上的差异和心理上的缺憾，提高人们的审美水准，陶冶情操，融化周围早已陈旧浑浊的气氛，的确如此。更进一步说，在商品社会中，书画收藏还是投资性消费，购买字画，等于把钱投给自己，日后还能增值。所以无论站在何立场，书画收藏都是利人利己利国的大好事。

当代书画收藏活动已经进入了一个独立发展的过程，它早与贮藏不可同日而语。在现代社会中贮藏服务于物质消费，属于物

质生活的范畴；书画收藏服务于精神消费，属于精神生活的范畴。具体地说，当代书画收藏有如下三个基本特征：

一、书画收藏对象的广泛性

中国书画洋洋大观，各种风格各种题材的作品不胜枚举，你即使单收一种一类一科，也能相当丰富和多样。如你专收荷花，那么全国画荷高手的作品，就能让你取之不尽，再加之咏荷的书法、印章等等，仅仅是一个荷花题材的书画艺术，就是一个大千世界。当然，我们因为不必这样专题集藏，只要是精品力作，都是我们收藏的对象，因此，当代书画收藏对象是非常广泛的。

二、书画收藏家的多元性

当代书画收藏以收藏主体的多元性是一大特点，它不同于古时的收藏，只存在于皇室、达官贵人和文人士大夫中，也不同于新中国成立初期的全国各地的博物馆、文管所、图书馆、艺术馆等官方收藏。现在，广大社会民众自发地行动起来，特别是2000年新世纪新时期新阶段以后通俗文化、大众文化的崛起，一批批人士进入收藏领域，以持久的激情和负责的态度参与到这一高雅的文化活动中来，这里有耄耋翁妪，有垂髫稚童，文化程度不限，年龄不拘，职业不分，可谓浩浩荡荡，许

多品牌企业、大公司、文化产业公司高调进入，书画收藏进入亿元时代。正是有了大众的自发自觉自由自在自娱自乐的书画收藏活动，才能使中国的传统书画艺术发扬光大，使过去画家或今天画家创造的文化财富成为提高余业生活的养料和精神补给，且重要的是激发了书画艺术家新的活力和创造力。

三、书画收藏功能的超利性

收藏活动之所以能在现代社会中获得蓬勃健康的发展，根本原因在于获利的同时，还具有愉悦情趣，调适身心，密切人际关系的正向性功能。长江实业集团总裁李嘉诚先生的名片上没有写着他的职位、职务等，却赫然写着收藏家李嘉诚。

的确，你有一百万元，但你不可能让你的朋友来看你的一百万块钱，而你若有价值一百万元的书画作品，那么你的朋友就能来分享你的成功，分享你的精神、物质双重世界，你也可亲可敬可交，而且一切都显得高雅高贵，气度不凡。

当代书画功能的趋利性更表现在保值增值贮财聚财，表现在繁荣经济，活跃文化市场。就在"文革"期间多少字画付之一炬，多少文物字画损坏或流失，人们也不心疼，现在，哪怕是一本古书、古字帖、一般古字画，老太太也会说：哟，这个东西可值钱哩。这说明信息社会、经济社会、文化时代，人们的知识面日益拓宽，对于书画收藏的认识和意识发生了根本的变化，财富意识增强了。事实上，书画作品本身都具有历史性和艺术性、物质性等属性，随着时间的流逝，它的"不可再生"和记载文化的特点越来越凸现出来，有些东西在拍卖行或书法交易活动中，可能获得意想不到的惊喜，从此

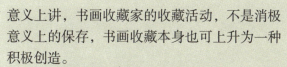

意义上讲，书画收藏家的收藏活动，不是消极意义上的保存，书画收藏本身也可上升为一种积极创造。

书画收藏积累本身即是财富积累，收藏品的增值也与其他劳动成果一样，是有价值的，获得酬值是必然的，更是正当的。所以，我们说：

书画收藏需要持之以恒的信心，属长线投资；

书画收藏需要一点书画知识，属内行人、圈内人的事业；

书画收藏需要一定的资金投入，属投资性消费。

只有这三者有机结合，书画收藏才能大放异彩。

书画收藏思路

随着中国经济的进一步发展和艺术市场的进一步完善，书画收藏业将逐渐进入一个健康、持久及蓬勃发展的新阶段。

书画既然有市场，就有操作手法及风险，这是铁的规律，作为初入市场的人，往往不得要领，不能切中书画收藏的要脉，盲目性大。实际上，此中大有技巧可谈，我作为一个书画家，想简单说说此中真意，让广大书画投资、消费者能更有效地进行书画集藏。

一、古旧字画仍然具有相当的潜力

无论知名不知名，古旧字画的存世量越来越少，颇具投资价值，因为决定艺术品价格的重要指标之一就是存世量。古字画以不可再生性及历史性，必能使社会需求与供给矛盾不断加剧。有人说，以投资名气大的古字画为主，这当然是永恒的主题，也不能放过一般名家。其实没有名头的古字画作品，只要品相上好，升值空间

必然可观，那种只收名作而一味忽略一般作品的人，往往会坐失良机，会留下许多遗憾的收藏故事。

20世纪以来，战火不断，民间古字画被严重破坏。新中国成立以后，古旧字画归博物馆、文管所，私人几乎少有藏品，接着又破"四旧"，更使古字画无立锥之地。70年代至90年代，我国由封闭走向开放，书画价格连年突飞猛进，连创新高。值得注意的是价格坚挺的多是近现代艺术大师，以香港索思比和佳士得、中国的嘉德、瀚海、朵云轩、荣宝斋等大拍卖公司为例，前十位画家是：张大千、傅抱石、齐白石、黄宾虹、陆俨少、吴昌硕、任伯年、徐悲鸿、李可染、潘天寿。

这些画家的作品在1985年以前往往只需要一两万元便可轻易购得。但现在已普

遍升了数百倍，价格已基本上与国际接轨，海外中国名人字画有回流的好迹象。2009年以来，特别是2010年、2011年这些画家的画狂涨拍卖记录便可得出结论。下一轮将展开的行情是什么呢？应该是明清时期的古字画。长期以来这一板块升幅较缓，大有补涨的市场愿望。最近有些现象已初露端倪，君不见许多大拍卖行在许多媒体上大作广告，高价收购清代大名家的书画作品及一切原始资料，又不见一些拍卖行正积极筹措推出明清文人画专场。可以料想，明清文人画大涨之日，其周边作品诸如一般旧字画（旧字画多为明清时期）"涨"声必定响起来。

二、仿作和做旧需时刻提防

利之所至，趋之若鹜。由于旧字画、近现代字画和当代中青年名家书画价格节节攀升，健在画家的作品也越来越贵，使得一些不法画商蠢蠢欲动。在京城就有一些画商专门养着一批美术学院出来的临摹高手，高手的临作几近逼真，再采用一些技术手段做旧，其气息能使行家里手大跌眼镜，这恐怕已经是阻碍书画市场健康发展的主要障碍。我们知道中国画的鉴赏很难量化，具有一定的经验性、感知性和模糊性。倘若你以投资的心态跟风盲目投入，结果往往付出巨额代价，收进一些价值不大的所谓"名作"。笔者在北京遇到两位书画收藏甚丰的老板，展而观之，让人不寒而栗，庸作和伪作竟占八九成以上，可见目前市场中书画"名作"的可信度，因此我们要说硬充内行、好面子的投资者便是不法分子的知音了。希望书画入世者能擦亮眼睛，增加一些软投资——买资料和聘书画行家辅佐，诚心交书画朋友，让他们当参谋、把把关，如此踏实进取，方能实实在在地步步为"赢"。作为普通投资者，为提防上当应该时刻牢记一句话："谨防打眼，勿想捡漏"。

打眼和捡漏是古玩行中的两句行话，所谓打眼，指买古玩的人买了假货、水货；所谓捡漏是指卖东西的人将好东西当一般的货卖了，被卖的人捡了个漏。殊不知当下的人都很"精"，特别是书画商，您甭想在他们手中捡漏，必须以平和的心态衡量物之所值。诚然，梦想捡漏是众多收藏者的通病，大都想以小价购进优秀作品，而实际上，百次捡不到一次，网络时代信息时代的今天，无漏可检。何苦？何必？现在的书画市场捡漏就是上当的代名词。假若你是收藏书刊的，真能捡漏，是因为对书籍各有所好，本身的价值因人而定，有用就是价值，而书画艺术有共性的

审美因素，从而决定其价值。当然，倘若您以较低的价购进成长性较好的中青年画家作品，定能大幅增值，这种捡漏就值了，也是提防购进伪作和庸作的策略吧。

三、小拍会上试身手

国际上最大的两个拍卖行索思比和佳士得曾于1994年开始进驻中国书画市场，专门推出中国名家字画拍卖，不断将中国书画拍卖推向高潮，在很短的时间内将中国内地、香港及台湾等地的行情拉抬至与欧美现代画家作品不相上下。新世纪国内北京的嘉德、翰海、荣宝斋，上海的朵云轩，四川的雅昌，浙江的西泠印社，等等，新崛起的几个大拍卖行，此起彼伏地将名家名作推波助澜，名家作品的身价逐步推到位。换言之，大名家的作品在强大的宣传包装下已有超涨之嫌，除非经济状况有大幅上扬，否则短期内无法有大主力机构的大资金涌进市场，而以大批待价而沽的作品流动在市面上，这会使书画拍卖行情进入较长的调整期。此时另一"景观"出现了，即民间周末小拍活动温和登场。

有名的是北京的劳动人民文化宫和报国寺时有周末拍卖会，迄今两处推出不下1000余场小拍卖活动，在经过征集及短暂两天的预展，便开始竞价拍卖，效果渐好。在全国一些经济较活跃的大中城市，省会城市，周末民间小拍此起彼伏，充分说明民间小拍已有一定的市场了。

如何操作民间小拍呢？由于画作水平参差不齐，有心初试小拍者仍须小心勘探行情，认真竞逐目标，然而令笔者惊诧不解的是，小拍中明明已知是仿作和伪作了，还有人竞相争购，不知是何心理作梗。须知，此类作品在北京潘家园、琉璃厂、什刹海等地

花几十元便可轻松购得，名头要多大的都有，何必去拍卖伤精费神呢？这种现状值得深思。依行家看来，民间小拍的首选板块是稍有名气的中青年或青年画家力作，这有两方面预测：一方面，部分中青年书画家必能脱颖而成为未来的名家，他们中必有未来的热点；另一方面，大拍卖公司目前不可能推出中青年画家，而民间小拍是他们的作品在民间流传的主要渠道之一。所以初试小拍应当以选他们的真品为主，不必冲动地去追逐赝品，因为赝品多如牛毛，而真品必然节节上升，水涨船高。

民间小拍在如火如荼地展开着，您不妨去举举牌，玩玩竞价心跳的感觉，收集目前市场价格略低，正处于创作高峰期和成熟期的中青年画家作品，实在是大好时机。

四、怎样把握书画行情

艺术品是有经济价值的，书画艺术的价格在受两种标准交叉制约着。一是软标准，即艺术标准；二是硬标准，即价格标准。应该肯定：①经济价值必然与艺术价值趋向统一，艺术价值最终决定着经济价值，经济价值对艺术价值有相当的促进作用；②经济眼光与艺术眼光大体一致。

历史证明，能经得起时间考验且真正具有收藏价值的艺术品，一般都有鲜明的艺术风格和审美理念，作品必须是严谨认真且具难度的，难度决定着高度，技法难度越具有不可取代性，越反映出作者非凡的功力、非凡的绘画语言及艺术修养，便越有投资价值。当然，成功的画必须是既有传统工力又有时代气象的高格调的作品，而不是怪异和杂要。有些人好猎奇，喜欢购杂要作品，诸如用嘴吹画、用头发作画、双管作书作画、用电络铁作画、用铁笔作画等等，不一而

足。此类作品仅能当作杂耍、怪异和特技，作为欣赏和购藏皆毫无意义。一个真正的艺术家必然是规范的、慢熟的、曲折的，一生经历成长探索期、成熟高峰期和衰退期三个阶段，当然许多大画家没有衰退期。此适合于古今中外，每个时期都有好与差之分，价值有天壤之别。有胆识、有魄力的收藏家大都爱精品，如获奖作品，展览、出版、发表的作品。

此外，书画艺术家本身对自己的价格定位亦应有个正确的认识。如某画家在一次拍卖会上，偶然或自己炒作至几万元一件，之后他就扬言作品值几万元，这显然不妥，只会令作品在市场上总找不到自己的定位，画家应让市场规律来决定作品的价格，其中包括：艺术感染力、特长、社会影响及社会认可度、环境、同级竞争对手和经纪人伙伴等因素。相对而言，同一画家的作品，山水价高，人物次之，花鸟再次之；书法作品楷书价高，行草次之，篆书隶书再次之。

常听说一些海外人士买书画作品时，挑选一番，购走一批不知名的作品。您别以为他们是"老外"（指外行），因为国外投资者一般更理性，即以质论价，以质收藏，以艺术水准为主，与个人名头无关，这一点很值得国内收藏界借鉴。

五、书画收藏的途径

书画收藏大概有以下一些途径：

1.拍卖中获取

2.画廊中获取

当前的书画市场上，有真正意义上的画廊，但常见的是旅游景点附设的画店，档次很有问题。笔者常路过一家旅游点画廊，天天都能远远的看见一张《猛虎下山图》。你千万别以为这张画卖不动，事实上，当有人买走这幅后，店主旋即又拿出一张一模一样的《猛虎下山图》挂在同样的位置。这里天天都有成批量的、工业生产式的画卖出去，让您永远买不完。足见商品画是一种无底洞，不足涉猎，收藏者对此无信心可言。

3.交换中获取

以自己多余的同一画家的同一风格作品，交换不同画家作品，以丰其藏。

4.以物易画

大凡画家都好古，有不同的收藏嗜好，当你获知某一画家的爱好时，不妨投其所好。比如有一画家喜收藏秦汉瓦当，而您又可以较低廉地得到瓦当，这时可将瓦当奉上。画家若以画奉酬，此举可谓小投入而大收效。

5.展览会中获取

画家展出自己的作品，一来是表明这些皆为力作，二来画家不希望场面冷清，此间购画是绝好时机，真心实意地支持画家办展，有缘的人从此可交上朋友。

6.笔会中获取

一些现象表明，节假日或企业庆典、开业日或重大活动，都能聚集书画名流现场挥毫助兴，能有机会进入笔会现场，很可能得到作品，只不过不是精品。

7.媒介中获取

通过报刊杂志、电视等媒体获知画家消息。如获奖、展览、出版等，可以通信、电话等方式购进代表作。

8.直接从画家手里获取

此为收藏真迹的最佳途径之一，因为有效、可靠、安全、保密，价格还可商量，往往皆大欢喜。

谁有眼光谁就有机会谁就有发展，站在文化、历史、艺术、价值的角度和立场，书画收藏是人人可参与、人人可投入的好事情。

最后用三句名言结束本节：

弱者等待机会

强者把握机会

智者创造机会

书画作品的市场定位

书画市场学研究的主要对象之一是艺术消费者及其对书画艺术作品和作品服务的需求。对书画作品的投入，最初的心理是艺术消费，然后是收藏，最后才是投资。因此，书画消费更确切的说是投资性消费。书画作品本质上具有审美特征，可以满足欣赏者特殊的精神需要，营造良好的生活氛围，有益于购买者的身心健康。这样一来，最初购买书画作品的心态就明确了，是为了消费与欣赏，其目的表现为：①自己欣赏（个人行为）；②别人欣赏，包括展出、出版、发表等，也包括送礼悬挂等（社会行为）。购买书画不论为何目的，消费者买的就不是一般商品，而是一种能给人们以良好印象的、有面子的、用来表示身份、文化品位和尊贵的艺术品。也可以从功能角度来考虑问题，例如卖电冰箱，其实卖的是提供一种方便、快捷、有效、省力省时地冷藏、保鲜食物的手段，只有从这一根本点考虑问题，厂家才能打开思路，电冰箱才会发展为单门的、双门的、储藏箱式的、双柜的、无氟的、除菌的、纳米的等几十个品种及各种式样，事情其实就这样简单，每个画家都应该"倒过来"，站在消费者的立场思考作品：我的作品市场在哪里？它的功效表现为什么？书画作品的市场内涵、市场定位体现在哪里？只有这样，我们才能"设计"出有市场的书画作品。进一步说，有竞争力的书画作品的大抵强化以下几方面。

一、强化"欣赏性"

当提到什么样的画"有市场"的问题，一些画家和藏家的第一反应往往是"欣赏性"，以为有了"欣赏性"就似乎拿到了书画市场的"王牌"。因此在书画市场中，"欣赏性"就作为画家争取消费者的最为简单直观的手段，而用于书画竞争中。然而，后来的拍卖、收藏等实践表明，这种简单的"好看"和"可欣赏"在带给人最初的新奇和满足感之后，并没能够成为维系画作与藏家的可靠纽带。从最初的狂热中逐渐冷静下来的藏家们发现，仅有"欣赏性"其实远远不够，因为"欣赏性"更多的仅仅解决了一个"好看"的问题，而"耐看"却要更高一层次的价值，即艺术价值，这在下面会谈到。尽管好看和可赏是构成一切有"卖点"作品的基础，但它毕竟是书画进入市场的一套"规定动作"中的一个较初步和较起码的要求，仅仅有"欣赏性"的书画作品，从本质上说，只是一个可欣赏的作品，那么仿作、复制品也能达到。要使书画作品真正成为藏家必藏的不可或缺的艺术品和提升生活品位的载体，那么要求书面艺术品的内涵与外延还必须有更深刻、更丰富的拓展。这里丝毫没有鄙薄"欣赏性"的意思，欣赏性无疑永远扮演十分重要的基本角色。

二、强化"艺术性"

一幅优秀的书画作品，应该兼有"好看"、"耐看"、"重要"三个要素，其中好看（欣赏性）是形成作品市场竞争力的躯体和外表，而"耐看"和"重要"是构成其市场生命力、竞争力的灵魂，这里

的"耐看"和"重要"更多的是指向艺术价值即艺术性。我们常常说起的"这个画家很重要"或"这件作品很重要"就是指他的艺术品的艺术含量高。很难想象，没有艺术性的作品能有市场，要有只会失之于单调、琐碎和庸俗、媚俗，至少与"大气"、"大器"无缘。艺术性即指①高超的笔墨技法，甚至是不可替代的技术品位；②丰富统一的画面语言；③高格调、高境界；④有生机、有活力；⑤强烈的个人风格样相和鲜明的形式感；⑥既有传统工力又有时代气息；⑦有文化内涵，有相当的文化造诣；⑧讲究笔墨构成色彩构成，还有创造创新、时代气息等等。

书画家就是书画艺术生产者，是书画艺术性使用价值和价值的创造者，不论书画家在创作那些以后进入了书画市场的书画作品时是否自觉地意识到它们可能"有市场"，但艺术性所凭其存在的文化价值，都源于书画家的创造性劳动，从此意义上讲，书画作品的艺术性是书画家创造或决定的，也即是说，画家的艺术工力和修养起着决定性的作用。

三、强化"个性"

没有个性，就没有"百花齐放"，因为百花齐放是无数个性的集合，是多样的繁荣。书画艺术是讲究个性的，但个性需要有质量，即又有个性质量，又有鲜明的自我。

本来画家的个性亦属其艺术性中，但这里单独列出，有强调的作用。所谓书画作品的"共性"即诸如笔法、用色、构图等传统共识的东西，但除"共性"外，"个性"即画家的个人风格的确是"市场"的要素。因为有个性才有魅力，才有市场的位置和定

位。一个画家成功"定位"的秘诀在于，始终把自己看作是书画市场中的一分子，讲求"个性"特色，以"人无我有，人有我优，人优我特，人特我精；长人之所短、略人之所长"的价值特色赢得一方属于自己发展的空间。要达到此目的，每一个层面的画家，当从以下三方面入手：

1.拓展新的艺术空间和表现品种

中国书画经历了二千多年的历史，各种风格的书画都有其历史代表人物，纵观历代书画作品，艺术形式、艺术风格也并非"密不透风"，还有许多的"空隙"、"空档"，特别是熟知中国书画史的画家，理应认识到自己的位置，以自己的优势去选择、去突破，找准一个切入点，挖掘适合自己创新发展的艺术空间。说得更具体一点（甚至要求更低一点），现实的书画市场上就有许多所谓的"空档"，即多数画家疏于创造或不精某一"盲区"。打个不恰当的比方，当今多数画家热衷于画虎、马、牛、羊、鹅、鸡、鹰等动物时，我们不妨去画其他动物，还可以有更高明的选择。当然"盲区"的涉足是需要一点逆潮勇气和思维的。再说，每一题材也能更深入地去表现，这实际也是一种相对的"空档"，这需要非凡的艺术才能，要想在大家都耕作的土地上做出卓越的事业来，需要相当的用心和投入。这种功力突出表现在能否见人所未见，画人所未画，表现在能否以独特的表现方式给人以新鲜，甚至有震撼、有共鸣，所以拓展新的艺术空间和表现品种是书画家开发的"生长点"，谁抓住了这个"生长点"就能做到不同凡响，出手不凡。

2.推出甚至创造新的表现形式

我们曾经有过所谓重"实"（内容题材）而轻"形"（艺术形式）的艺术路数。

其实，根据书画艺术本身的特色，形式就是一种重要的，不可替代的内容。书画史，实际就是书画形式史和风格史，肯定形式，实际是在肯定人的创造性，形式在一定层面上、从某种意义讲是风格的同义词。所以推出新的表现形式就是画家智慧、才情、学识、修养的外化结果，是对画家创作精神或者说是创新的认可，新的表现形式同时就是内容品位重塑和提升，且有创新意识和新鲜度，不同时代，形式感则必不同，而且随着历史的发展，新形式将不断更新、发展和变化。石涛曾说"笔墨当随时代"，在这里我们也可说："形式当随时代"。

3.个性中的丰富性和多样性

一件优秀的书画作品，总是或多或少地保留着先辈同类作品的共性。书画作品也像生物一样具有"遗传性"，后人的作品，总是对先期创作保持一定的继承关系、基因关系、基因元素，是因为书画艺术有一个总的规律和审美制约着。因此值得一提的是，个性泛滥和膨胀是决不可取的。市场中，有些书画家利用消费者涉奇心理，不断制造新闻，搞一些"怪"、"狂"、"奇"的东西，甚而用嘴吹画，用脚画，用头发画，用烙铁画等等无奇不有，还扬言填补空白，等等，这些所谓的个性作品毫无艺术审美可言，更谈不上艺术价值了。

所以，个性在本质上还包涵共同性和丰富性，这样才具有深刻的历史性和普遍涵盖力，说到底，书画的个性还是产生于艺术家的艺术技法、艺术修养、品性素质和心理结构中。

四、为书画收藏家提供方便和实惠

所谓书画市场，用现代经济的观点看是由"有支持卖买书画能力的有效需要"构成。仅仅瞄准人们的需要创作优美的书画作品还不够，还必须尽可能降低藏家获得书画的代价，造成一种让人们买得起、玩得起、藏得起的格局，这样的市场才有热度，才鲜活。因此，我们书画家也应树立"以创造客户价值为己任"的思维习惯，共同支撑买卖双方的书画市场。

一般来说，降低收藏家获取作品代价主要可以从以下几点考虑：

1.制定适应收藏家有能力接受的书画价格

书画价格规定了人们获得书画作品的货币代价。有研究表明，一件现代顶尖画家的作品价格，应以城市人年平均收入的5～10倍为宜。而一般中国美协会员的作品价格，每件以人们年平均收入的1/2至1/20为宜。这种统计过于粗糙，我们可以换一种估价方式，据一项来自画廊、报刊及民间小报的调查表明：对于我国城市居民而言，一件书画作品，价格在400元以下时，会被大多数藏家认为"价格低廉"；价格在1000~4000元/件，会被多数藏家认为"价格适中"；画价在10000元左右/件以上时，则会被认为略贵。以上我们统计的是平均水平，地域的差别也是非常之大的。因此，除了瞄准大收藏家及"贵族阶层"的画价外，目前培育市场的书画价格应在2000元/件至8000元/件的水平最能为藏家所普遍接受。

2.建立方便畅达的书画收藏渠道

"买—卖"关系是建立在互利、互赏、互动、互惠的基础上，只有为藏家提供最大的方便，画家才能赢得藏家的青睐和回报。近一时期以来，一些大中小城市都纷纷建立书画交易市场、画廊、展销，抑或上网举办展销、秒杀活动和书画博览会，许多画家都委托代理、代售书画作品等等，这些都是方便藏家、降低藏家获取代价的竞争举措，多少已得到了来自书画市场的一定回报。

3.创作精品力作

按理来说，健康正常的市场，只承认画家的精品力作，遗憾的是，目前的书画市场中有许多让人匪夷所思的泡沫价值，如重名气、重权威、重位置、重师承远近、重海外归来、重地域、重年龄、重职位等等，甚至只要名头大，伪作也照收，这些都是不健康的市场行为，早晚得不偿失。历史反复证明：精品力作才是书画投资鉴藏的永恒主题。

画家的作品要"有市场"，就应自觉地以不同方式、不同程度、不同经历走向书画市场，要以心灵去迎接市场，要有一个自我市场形象塑造的义务，这里的自我市场形象，是指书画家的书画个性、书画形式、书画风格、书画品位在书画市场上的知名度和信誉度，是一种全方位的市场面貌。致力于中国书画市场的书画家，当以此不懈努力奋斗。

书画的艺术价值与商品价值

　　如今书画艺术正遭受商品观念及市场经济的冲击，艺术作品的创作与接受不可避免地会在一定程度上收到商品法则的影响和制约，经济逐步成了促进、刺激书画创作的重要条件和兴奋剂，似乎书画艺术的高下优劣取决于书画在市场上的价格高低。其优点在于艺术品能够实际地成为打上精神与物质双重财富价值，其缺点在于人为地拉抬炒作，形成种种假象、怪象，也导致书画价值的迷失和忧虑，看不清哪个是真哪个是假，搞不清个中的水分和泡沫，因此，收藏理论家理应充分研究书画艺术作品与商品，书画价值与商品价值的关联，并以此指导实践应该有非常好的意义。

　　首先，我们论述一下书画商品与书画市场的本质特征。书画商品指利用书画作品作为交换对象的商业活动，换言之，即以买卖方式作为商品的书画得以流通、转让，这是经济活动和行为的结果。书画市场是专门组织促成书画流通和艺术服务的经济实体，书画市场指一般书画买卖的场所和领域，书画作为商品就是在书画市场中得以实现的。历来，人们对书画价值的看法不一，有多种价值观，但具代表性有两种观点，一种认为：书画价值取决于

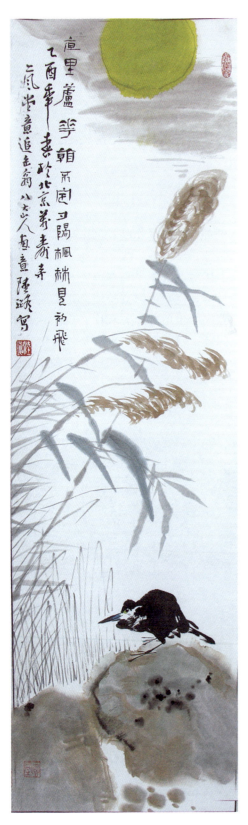

书画艺术自身，购买者的作用仅在于认识、理解、接受和被动欣赏，这是客体价值论；另一种观点认为：书画价值的体现在买方，买方认为这件作品好，作品就有价值，否则无价值，这是主体价值论。这两种说法都有一定的片面性，客体价值论强调书画作品中艺术本身的重要性，但是艺术作品的价值是具有双重性的——文化与商业双重属性，即书画作品只有经过买方的认识，满足买方特殊精神欲求和审美需要，从作品中获得愉悦，受到感染，影响其人生。反过来说，片面夸大买方心理的作用，很容易把书画误解为主观的任意的东西，忽略了书画作品本身艺术规律、艺术表现和价值标准的客观性和共性。所以书画商品价值产生于买方主体与书画作品客体的相互作用，两者是相契合的。当然，在艺术作品的双重属性中，文化属性和艺术价值是决定性的。艺术史上那些传世佳构的伟大作品的产生，受到主客观诸多因素的制约和影响，但艺术本身常常是不同程度上摆脱了商业的干扰和市场喧闹的，再者书画作品也不可能被人们当作生活的必需品，它们总是作为不同程度上的文化精神消费品和奢侈品而存在。于是，我们更愿意说，书画商品价值只是商品经济条件下，艺术价值的直观反映，是一种价值形式，他在一定程度上反映了买方对书画作品的认可情况，但不能从根本上规定书画艺术价值的实质，也即是说，用商品的盈利来衡量作品的成功得失，只能招致书画审美价值的沦丧和自由理想的破灭，在当下的书画市场中，认识到这方面不无裨益。

其次，我们应认识到书画价值不是单一的，而是多种价值的统一体，此根据书画艺术的形式与风格多样性及买方口味的多方面的需要，也就是讲，"多样性"、人云亦云、跟风及"口味"就包含了生成价值的多种可能。

多样性的其一指艺术形式的多样，就中国画科目说有人物、山水、花鸟，书法有真草隶篆行；就书画艺术的幅式说有立轴、横幅、长卷、斗方、册页、扇面、条屏、中堂等。

多样性的其二指艺术风格审美特征的多样，套用司空图《诗品二十四》即有沈着，雄浑，高古，冲淡，典雅，劲健，精神，形容，造诣，缜密，绮丽，洗练，纤浓，自然，疏野，飘逸，旷达，清奇，含蓄，流动，委屈，豪放，恣肆，跌宕等等。

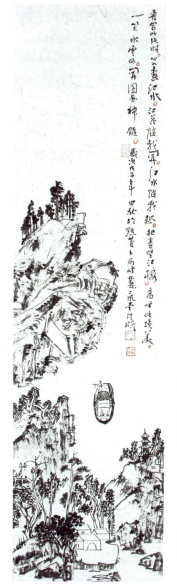

作为精神产品的书画艺术，它显然有许多功能：

1.认识的功能

书画艺术作为一种社会意识，必然有书画家对社会生活、自然的认识和理解。

2.沟通的功能

书画艺术是艺术家同社会生活、人与自然相映照、相体贴的结果，是以笔画、色彩为载体反映心灵的物化，有深厚的情感，这种情感买方也有，从而具有情感沟通功能，如中国山水画，它虽然不是自然中的真山真水的照搬写实，但其山水中的精神气质买方也能品位得到，产生共鸣和愉悦。

3.教育的功能

书画作品融有艺术家学识修养，有对人生的深切关注和独到理解，常使观者从直观到自身，激扬起自信心和发展、完善自身的激情及勇气。书画艺术是通过形象间接感化教育人。

4.娱乐的功能

作品浪漫离奇的构思，诙谐幽默的画面，趣味的题诗等，能解除人劳作的倦怠和筋肉的乏困，让繁忙奔波的现代人身心得以放松，在作品观赏的消闲中享受心灵的愉悦。正如鲁迅所言："聊借诗书怡倦眼，只研朱墨作春山"。

5.审美的功能

书画作品最显然的就是审美欣赏功能，它能给人艺术上的享受。书画价值作为多种价值的统一体，其基础和实质就是审美，这是书画的审美本性决定的，审美性是书画区别于其他精神活动的根本点，也是书画价值区别于其他价值的独特性之一。当下的书画市场是为适应市场经济发展的需要而健康形成的，书画

艺术也不得不改变既往的存在形式——创作与消费不再有国家画院、博物馆、展览馆、书画协会学会等文博单位统一包办，而由市场来自由调节，书画既离不开买和卖，就必然同经济盈利相联系，人们喜爱中国传统字画艺术，加之经济收入的增长，自然就有占有文化艺术，把玩欣赏艺术的动机和心态，虽然书画由审美的殿堂进入金钱为杠杆尺度的商品市场，但这并不表征画家的坠落和书画艺术审美价值的沦丧，大凡真正的艺术家，在创作书画作品时，当然是以"作品艺术至上"的，至于卖画，那是创作完成以后的事了。况且，用市场经济刺激和制约艺术家的创作，把书画家的收入同精神付出相平衡，一方面消减了书画界形成的养尊处优和慵懒习气及不公平竞争，另

方面又大大激活了书画家创作的激情和潜力，再一方面端正了收藏家（读者）与画家的关系与位置，同时捍卫了书画市场中买方的主动性、自由性、收藏性，讲求效益、公平、开放，有利于书画艺术及市场的双边发展。

书画市场的买卖可以这样说：买与否是买家的德行，卖与否是画家的气节和选择。

愿书画家与书画市场共享经济增长。

商品社会中的书画家

　　书画家是书画市场建立与构成的首要因素，书画市场的建立、运转与发展，必须以提供流通交易的具有一定艺术价值和艺术水平相当的书画作品，而作品只能来源于书画家的辛勤创作。同时，也只有当书画家向艺术市场提供具有书画价值的艺术力作，收藏家和爱好者才会投资收购其作品，才更有信心投入收藏。

　　因此在商品社会中，收购画家作品是促进书画家创作的重要动力之一，也就是说，作为人类精神创造的外化物——书画作品，最重要以某种形式进入社会流通领域，供人欣赏、交流、馈赠、收藏。这种形式在当下指的就是书画作品的经济价值。因为价格在某种意义上说就是书画作品水准的证据、标准和尺子，过去我们常说金钱并不能衡量艺术的价值，这实际是盲目的清高和虚伪。诚然，书画作品在创作中与钱无缘，书画创作中，画家只与笔墨、技法、格调、修养、风格等本体的东西打交道，而一旦创作成品，自然就有其价了，任何东西都有它的价值尺度，这是非常客观的，特别是今天，"万般皆下品，唯有价格高"，小至你要生存和安心工作，要买房买车，中至社会对你的认知，大至书画家的地位和精神身份等，无一不用金钱这个尺度，再说这也是按劳取酬，靠作品质量取酬，理应理直气壮。就说近代中国画四大家吴昌硕、齐白石、黄宾虹、潘天寿，他们的作品代表20世纪中国画的最高成就，他们的画价也是高居榜首的，说明地位和价位大抵一致，艺术价值与经济价值标

准无二。特别是吴昌硕、齐白石，基本上以卖画为生、卖画为业的，但一点也不影响其大家风范、文以载道、德艺双馨，相反在社会中塑造了极好的形象，留下了大量的作品而最终成为人类共享的、文明的精神成果。同样，今天的书画家中，那些一流书画家的作品在不断地突破自己价位的同时，艺术水准步步提升，如孙其峰、王镛、陈振濂、王伯敏等等。

所以，我认为在商品社会中书画家重要的是在作品和金钱、成就和价位的双轨中，能把握住自己。如果一门心思赚钱获利，钻到钱眼里，就会走上另外一条路；如果为了迎合市场，什么能卖就画什么，最终会失去自我、失去品位，因此要坦然地面对书画市场。画家的市场形象非常重要，表现在以下诸方面：

一、具有精品精作意识

要努力创作富有创意性、又为一定艺术消费者所接受的高质量作品，要保持自己艺术水平稳步上升的趋势，不要为了谋利而轻率应酬，不制作艺术质量差、品位低的作品。

二、形成鲜明的风格

要有自己的风格，保持自己的书画创作独立性。风格是人本身，是书画家作品的独特标志，是书画家成熟的标准，要以风格去影响、引导书画市场的需要。

三、树立公众形象

书画家可以争取报刊、电视、广播等传媒的专访和介绍，迅速扩大自己的影响和造成市场魅力，可以通过展览、出版、获奖、发表作品等形式树立公众形象。

四、最高尚的人格

中国书画是以表现人的心灵为目的，是书画家内心世界的折射，是最具思想深度的，是写意写心的，因此，书画家的人格十分重要，人品决定艺品。具体地说，不要制造劣作、伪作，不要不顾实际地过分抬高自己，请人吹捧或拉抬画价，不走坑害书画市场的不道德的行径，只有身心健康地进入艺术市场，才能促进书画市场的健康发展和繁荣，达到双赢效果。

书画市场面面观

社会主义市场经济的不断发展，人民生活的不断提高，构建和谐文化生活的需求，书画作品逐渐以怡情益智、有益身心的艺术功效的同时，又进一步显示出其增值迅速的商业投资的功能。进入21世纪，尤其是2010年以后，中国书画艺术市场处于一种持续升温的、高位运作状态，日渐繁荣并被人们高度认可。但是也要看到，中国书画市场特别是中等市场上处于筚路蓝缕的创业阶段，市场的层次、结构和运作规律等尚未成熟，因此，人们更期望书画市场的规范化、科学化、组织化，期望诚信交易，使其健康地发展壮大，以崭新的面目迎接中国传统文化艺术的全面振兴全面崛起，为社会主义文化大发展大繁荣推波助澜。

一、书画市场与收藏

书画艺术亦是商品，既是一种精神商品也是一种物质商品，具有双重价值。收藏是价值的搜集，又是某种价值的集合休，经济和文化的发达，社会的繁荣稳定，必然带来收藏热，她既是文化情结又是爱好兴趣使然，更有一种投资回报的可能。特别是优秀的书画佳作，藏家往往对其玩味不已，几根线条、几点墨色、几处设色，让人心旷神怡，回肠荡气，确是一笔文化财富。

收藏书画作品的群体有以下几类情况：

(1)海外华人和华人后裔是出于对中国文化的感情；

(2)日本、韩国是出于对中国文化的喜爱和敬慕；

(3)欧美等西方国家是出于对东方文化精华在中国的认可，或者说中国书画艺术代表着异国艺术情调的重要方面；

(4)台湾、香港、新加坡是中国书画的收藏重镇，这是毫无疑问的。他们了解中国书画的博大精深，能欣赏、能品位，但要发展中国的书画市场，他们的作用还是不够的；

(5)随着北京、上海、广州、江浙、深圳等地的经济腾飞，中国逐步成为经济大国、经济强国，中国中产阶级的队伍在扩大，中国书画收藏的真正重镇还是在中国，否则，以上四类情况还不能说明中国艺术品在国际收藏界的地位，也不足以支撑中国庞大的书画艺术市场。

能够在世界艺术之林确立中国书画艺术应有的地位是中国书画市场的主要任务之一。中国文化在世界文化史上不可忽视，我们的艺术素质和艺术能力都能够胜任。艺术的商业化和国内艺术市场的健康发展必将使书画艺术走向世界，国内收藏家的觉醒，必将与书画家共同建立一个我们自己的艺术世界。之所以说中国书画重大的收藏还没有出现，实质就是指我们自己的收藏大家对书画市场的投入不够，显得单一，真正的大行情刚刚展开，换句话说中国书画收藏这台好戏的序幕仅拉开了一角。

观望，是我国大众对书画作品的收藏淡漠的一个原因，这就涉及书画作品的价格因素。

二、书画市场与价格

天下事情涉及价格，便复杂许多。

1.拍卖

由于名家书画数量少、价格高、增值幅度大等特性，拍卖便成为比较适宜的竞争销售方式。

自1992年以来，国内的书画作品拍卖会频频举行，风起云涌。据统计，仅2009～2011年的三年间，全国各地拍卖公司就推出总价值600亿多元人民币的艺术品进入市场，且书画作品的成交率很高，占75%以上。在参加拍卖会的人士中，前十年以香港、台湾、新加坡、日本等国家和地区的人士为主，而近五年来，国内买家已占多数，在竞拍价位上逐步形成分庭抗礼的局面，这种变化无疑表明国内人士的经济实力、投资意识、收藏态度和收藏魄力都已步入国际轨道，有的已处于领先地位。

应该说拍卖对书画家实现作品自身价值的作用是功不可没的。当代人通过拍卖会的新闻报道，了解齐白石、吴昌硕、傅抱石、黄宾虹、吴冠中、陈逸飞等逝去大师，了解尚健在的陈佩秋、王伯敏、孙其峰、王镛等一流好手，百姓对书画的认识和理解通过拍卖镜头有了直观的实实在在的体会。尤其是近年来出现的星期（周末）拍卖会或无底价拍卖会，作品价在几百至数千之间，工薪阶层大众收藏可以问鼎竞拍。名家的作品进一步靠拢广大群众。

2.画廊

有人说，目前中国的城市里皆有

画廊、画店，此言不假。特别是大中城市里的画廊数量都很可观，旅游城市的画廊已形成景点。那么画廊里书画的价格又如何呢？价格标得吓人。在北京一些大型商场如王府井、西单等画廊，有些名不见经传的画家标价上万元，而一般书画价格多在千元以上，这种现象在全国各地的画廊均有。由于价太高，令广大百姓望而生畏，一些欲投资书画作品的工薪阶层又被隔在了门外，敬而远之。大多数画廊形成卖不动、买不起，门庭冷落的尴尬局面。是什么原因？是否画家自己标价很高以示身价？据了解，并非如此，画家与画廊的交易大抵是，画家低标价，如标5000元一幅画，代售后按6:4分成，而往往画廊自己标上天价，如标10000元，售出后，画家最多得2000元，而画廊得8000元，悬殊之巨大让人惊诧。画廊的目光是盯在了"老外"（这里是指外行）的钱包上，成交一件就大发其财，时间一长，相信"老外"也会失去收藏书画作品的信心和投资热情。显然面向"老外"的书画市场失大于得，一方面失去群众基础，另一方面不利于弘扬中华传统文化艺术。

一般情况，画家要卖画就得依托画廊，境外画家都有自己的画廊，画家与画廊是相互依存的关系，画廊要经营作品也有自己约定的画家，商订合理的价位，适应大市场。作为画家的代理人，应对画家负责，向有关系的收藏爱好者、美术馆等推荐作品，维护画廊、画家的公共形象。

在国外，画廊本身的历史很重要，它让人相信经营者的眼力、水平与实力。

3.艺术博览会

本来，展览会是促销的重要手段，但这种业务对书画艺术品的销售似乎例外了，成交效果皆不能满意。全国性的博览会已举办过二十余届，前两届在广州举行，第三届以后于北京举行。各省市的博览会也差不多，情况大抵如是。

博览会的宗旨大抵是：①艺术家与收藏家、艺术经纪人、企业家的自由交易；②由专业拍卖公司主持的书画专场拍卖活动；③营创最佳的艺术和商业气氛；④展示中国优秀艺术作品，促进国际艺术交流、交易；⑤追求实用的美感价值与艺术的超值价值，实现社会效益和经济效益的统一；⑥书画家和大众可以面对面。

就博览会而言，唱主角的应是画商或经纪人，但博览会大多数是画家直接进入会场，"自己租一个位置经营自己的作品"，被人戏称为"庙会"，这是交易效果不佳的原因之一。要知道，一个最好的画家未必是一个最好的经营者，人的才华、精力有限，自己的画最好委托经纪人去交易，这样更科学，更符合市场规律，亦更规范。所以中国市场需要成熟的经纪人。

4.润格

现在画家都拿工资，生活上绝对有保障。但必须面对现实，画家没有应有的经费去创作研究，每年有1000元左右的材料补助费算是幸运的了，而区区补助费非常紧张，不能买一刀好宣纸，所以创作所需的笔墨纸等就得自己想办法。试想，如果画家的纸要从生活费中自己挤出来，那么他能从容地画吗？在处境和心态不正常的情况不可能画出好画。创作本身是很苦的事，那种无止境的探索和追求就好像无形的鞭子在策励着画家，若再压上生活的担子，这画就无法继续了。一件优秀的作品往往是建立在无数次失败，无数张废纸上的，古人有"废纸万千"的座右铭，除了指勤奋外，还指外部的物质消耗。所以画家还必须有另外的收入来源。还在改革开放、市场经济的新形势下，同样为画家们带来了契机，作品能卖钱，这种创作"补助"就是润格，即润笔费。

卖字画、写文章收钱有一个雅号曰"润笔"，价目单谓润格，画家无它技，舞文弄墨能解决创作研究及资料等费用，实在是社会文明的标志。过去齐白石、吴昌硕等一代大师亦都列有润格，这并不影响他们攀登近现代绘画史高峰，而且他们的画较贴近市民，也更符合收藏的历史规律。画家不是神，同样有为生存得好一点的俗态，况且，

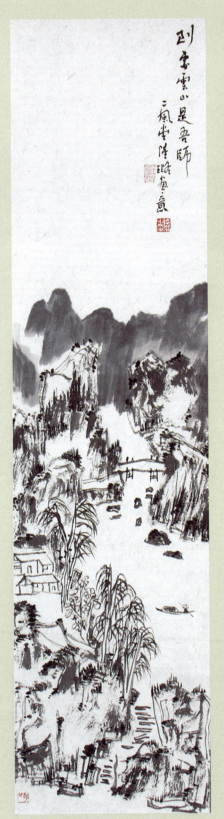

绘画是直抒胸臆、美化生活、讴歌时代的一种劳动，那么获取劳动报酬本来就是理直气壮、顺理成章的事。十几年前，启功老先生就对北京的记者宣布过："今后北京的招牌字我不写了"，理由是书界谋生都不易，不能自己独得，使别人没有饭吃。谈到有人仿启功老的字时，启功老也相当宽容，"不打假"。可见，北京的书画界如此，其他地方更不用说了。因此，在画家普遍还穷的现实情况下，应大力提倡书画作品的润格，要理直气壮地为画家的润格作宣传。一个艺术家如果经济上不能独立，人格上很难独立，更谈不上画格。下面我想进一步谈谈润格。

润格产生于以廉政著称的隋文帝杨坚时代。明清时候润笔几成惯例，凡索书画者皆以财物相赠。润笔的传统绝迹于"文革"时期。书画市场的出现，又恢复这一传统，当然，这种传统还能促进和激活书画市场。古代的润格，郑板桥的较有特色："大幅6两，中幅4两，小幅2两，条幅、对联1两，扇子、斗方5钱。凡送礼物、食物，总不如白银为妙，公之所送，未必弟子所好也。送现银，则心中乐，书画皆佳……"。细细品味此润格，最后一句话道出创作的心情，"心中乐，书画皆佳"。其实在古代书画论述中也多有类似的道理。唐代孙过庭《书谱》中专门谈书画家在同一时期创作时，能合以下五个条件者，必得精品。"神怡无闲，一合也；感惠循和，二合也；偶然欲书，三合也；时和气润，四合也；纸墨相发，五合也。"五合中的第二合：感惠循和即指感人恩惠、酬答知己，这就是润格。

画家列润格，不去挣昧良心钱，不去做奸商赚黑心钱，靠"食力佣书画"，不失文人清高、清廉，是件光彩事，大可提倡。画家自求生存，自力更生，这看来似是不幸，其实亦是大幸。

五、书画市场与画家

书画艺术有了市场就有了不同的商业价值，但作为艺术家不应该单纯地追求画价，为了钱搞艺术是出不了力作的，当物质生活丰裕的愿望已经成为现实时，有的画家跌进了钱眼，大量复制俗媚的商品画，精品艺术被失落。社会的精神文明与物质文明不同步，物欲膨胀而扭曲心灵，清醒的艺术家从不放弃在现代进程中的每一步，为艺术能够真正"追随时代"、能够体现生命的价值和韵律，不遗余力地干自己该干的事，这也是敬业精神的表现，是画家的使命和责任。有一位评论家曾写到：

历史对那些为人类精神文明作了卓越贡献的艺术家们怀有深深的敬意。是他们呕心沥血创作的艺术珍品使人如沐春风，如饮甘泉，如睹旭日，如凌绝顶，……给予了人们以生命的力量，死的勇敢，梦的芬芳，爱的温馨……让人们真切地体悟到了生命的意义、人的伟大和尊严，把人提升到一个足以骄傲的高度与境界。时代呼唤崇高、呼唤真诚、呼唤敬业。

在商品化的艺术市场上，画家首先认识到自己仍然还是个画家，是一个艺术工作者、艺术创造者，首要的责任是画好画，因为画的质量体现经济学上的商品价值外，它还应体现作品的艺术价值。否则，怎么能说书画是心灵的艺术、是生命的节奏。

综上所述，健全成熟的书画市场和艺术价值颇高的绘画精品好像一个鼎，必靠三个支柱平衡，一为了画家；二为了藏家；三为了环境。环境也即时代、社会、政策、地理位置等等。在社会主义市场经济体制下，时代已为画好和藏家提供了宽松的开放的公平的文化氛围。作为画家不应只是卖画的工匠，而应登高望远，应卓有成就，应继往开来，争取把更多更好的佳作推向社会、为弘扬传统文化艺术而奋斗，为书画市场保持高品位、高格调的画作而不断提高自身的修养。作为收藏、画廊等，在保障画家基本利益、支持画家创新的基础上，应着眼于研究有成就的画家，推出有发展潜力的画家，弘扬书画事业，使书画市场形成"文化的精品景观"和"经营的文化景观"。

诚望画家、藏家在书画市场联袂合作，使我们的书画事业健康蓬勃地普及、发展、提高，更加具备与世界文化艺术较量的物质条件和精神条件，营造文化硬实力、软实力和综合实力。谨以此节文字，献给尚处于筚路蓝缕阶段的中国书画艺术市场。

当代书画泡沫价值

购买当代书画家的作品，若以最佳渠道购得就属投资效益中的原始收藏，相当于在股票买卖中购到原始股，理论上应该最具增值效益，一定升值无疑。然而，最混乱的也是当代书画家，可谓良莠掺杂，画家可谓千千万万，买谁呢？涉足书画收藏界不深者，往往盲目追风而陷入误区，甚至投资消费一些价值较低的书画作品，这些作品泡沫成分大，价值自然就小。有的甚至遇到书画骗子。据笔者考察，收藏当代字画作品有以下泡沫：

（1）以作者社会职务大小、地位（说穿了就是官职）高低、地域远近作为衡量艺术价值及价格的标准。

（2）以师承关系远近亲疏和圈子为标准。

（3）盲目崇信作者"名望"，追求"新奇"、"怪异"等而忽略作品质量，无畏购进庸作和应酬之作。

（4）以报刊电视等媒体宣传程度为标准。

（5）以作者的年龄大小为标准。

（6）以画家所在的城市、位置为标准。

（7）以海外归来为标准。

（8）忽视对赝品、伪品、仿品的把关。

艺术创作最需要的是一种自由自在的，身心绝对放松和"悠然见南山"的心理气氛和环境，而以精品力作为价值参照，什么时候挤掉泡沫，什么时候的书画市场才真正走向成熟和理性。有人戏言：书画作品的价值，短期看职位，中期看炒家，长期看画家。

行家眼中书画艺术的价值和价格

画家的作品进入市场后，一般操作价格受艺龄、资历、知名度及作品的质量和尺幅大小制约，再加之环境地域条件等决定正常的画作价格。然而作为书画评论家，一般会对画作另有定位的尺度，这是因为书画成为商品，其特殊首先在于作品的艺术价值而不是满足人们物质生活需要的功能价值，作品价值主要是精神上的，是满足人们高级的、超越一般物质需求的精神寄托，让人们获得审美愉悦的同时，还有一定的时代意义，所以，某一优秀书画家的作品市场价格，行家认为大致可由以下诸因素客观支撑：

（1）在中国书画史上的学术地位和贡献，或在某地区、地域书画史上的学术地位和贡献；

（2）书画家的社会知名度、关注度和影响力；

（3）批评家群体对其的评论、定位和认同；

（4）收藏队伍以及在公共收藏中地位、信誉和社会期待；

（5）该书画家的社会传媒支持程度；

（6）该书画家的诗、文、书、画印等的全面造诣和修养；

（7）书画品位和特点时期的社会文化时尚的契合程度以及开辟的超前性的审美形式；

（8）该书画的价格与该消费群体的社会经济购买力的比例关系。

书画作品如何定价

现在以书画定价为出发点，来论述定价时需要参考些什么条件。

第一，书画家对出售书画作品价格的期盼程度。也就是说画家拿出自己的满意作品出售时希望它值多少钱。这是"卖"的心情。

第二，书画藏家，消费投资者对书画价格的接纳程度。书画定价是为了销售，要考虑到买方顾客能否接受，而且他们对价格的接纳程度不一样。这是"买"的心理。

第三，书画市场对某画家在书画艺术品位、学术水平和商业价值方面的认可程度。

第四，同级同类书画作品的市场价格幅度。定价时要参考竞争者的价格。

第五，书画市场操作的有效性。这是指定价时，要参考经营自己书画作品的市场效果。

第六，定价的上下限与价格弹性。能够保持书画作品价格稳定上升，这是一位书画家商业成功的重要标志，但事实上，书画作品的价格是应该有正常弹性的，随着市场环境（不同国家、地区、不同的书画市场）和时间条件（不同时期）的不同，会自然弹性变化。所以书画定价根据不同情况调整价格的上限和下限，但幅度不宜太大。

画家或经营者还可从以下方法和技巧来定价。

　　（1）随行就市定价；

　　（2）知名度定价；

　　（3）环境差别定价；

　　（4）买方差别定价；

　　（5）作品分档次订价，书画作品档次有高有低，装裱、装潢也不同。获奖的、展览的、出书的、发表的也不同，订价拉开档次，表明精品力作的难易程度及稀有程度。"物以稀为贵"，"稀有"在书画作品订价的时候，往往会起较大的作用。

书画投资以长线为主

　　艺术品是有经济价值的，书画艺术的价格受两种标准的交叉制约，一是软标准，即艺术标准；二是硬标准，即价格标准。应该肯定：首先，经济价值必然与艺术价值趋向统一，艺术价值最终决定着经济价值；其二，经济眼光与艺术眼光大抵一致。

　　历史证明，能经得起时间考验且真正具有收藏价值的艺术品，一般都有鲜明的艺术风格和审美理念，作品必须严谨认真且具有难度的，难度决定着高度，技法难度越具不可取代性，越能反映出作者非凡的功力、独特的绘画语言及修养，也就越有投资价值。当然，成功的画作必须是既反映传统又有时代特色的高格调作品，而不是怪异和杂耍。有些人好猎奇，喜欢购杂耍作品，诸如用嘴吹画、用头发作画、双管作书画、用电烙铁作画、用铁笔作画等等，不一而足，此类作品只能满足人们一时的好奇心理，但作为欣赏和购藏皆毫无意义。一个真正的艺术家必然是规范的，一生经历成长探索期、鼎盛高峰期和成熟衰退期三个阶段，每个时期都有精次之分，价值也有天壤之别。有胆识、有魄力的收藏家大都爱精品，如获奖作品、展览、出版、发表过的作品。

　　此外，书画艺术家本身对自己的价格定位亦应由一个正确的认识，如某画家在一次拍卖会上，自己偶然炒作至一万元一件，之后他就扬言作品价值一万，这显然不妥，只会令作品在市场上找不到自己的定位。市场毕竟是有规律和有序的，换句话说，应让市场规律来订作品的价格。艺术感染力、特长、社会影响及社会认可度、环境、同级竞争对手和经纪人伙伴等因素最终决定着作品的价位。

作为藏家，当购进作品时，并不会想着马上卖掉，大抵先装裱起来悬挂于室，欣赏把玩，从中得到愉悦、得到文化占有的满足感。购一件就有一件的心情，轮番展壁观之，精神得以休闲、放松。再者，书画是长线投资，不可能今天买进明天卖出，它的增值在于其历史感，当画作增值想出售时才是投资行为的兑现。当然，自己喜欢的作品"该出手时未必出手"，因为这里有您的感情因素，作品上有您的感情寄托。

因此，书画收藏初期一般以文化消费为目的，包括馈赠、出国、办事、送礼、宾馆和饭店装饰、家居高雅点缀等等，目的不一。

消费和投资有明显界限。消费一般不图回报，……即买了就买了，自己先欣赏把玩起来，构建一种精神氛围，待以时日，蓦然回首，您的字画已从消费变成了投资，增值了，且升值可观，其价或许使您惊诧，届时投入市场必得丰厚回报，此时的行为就是投资行为了，这就是书画收藏的魅力及未来的不可确定性。

所以，精品更具良好的价值成长性。入市者应以长线投入为主，以消费为主，方能平添生活的雅趣。

分析当代中青年书画家的收藏投资价值和意义

　　20世纪50年代以后出生的画家，大多受过学院化教育而又赶上反思东西方艺术及创新意识到强烈冲击。他们创作思考的焦点首先是"新"，在"新"的基础上考虑吸取传统，在"新"的基础上去向传统大师学习，在"新"的视野中去从传统中选择适合自己表现的艺术语言。这里的传统内涵也空前延伸，一方面是印刷及传媒、信息时代的空前繁荣，即在很短的时间里便可获得国际国内（横向）和中国古代（纵向）的最优秀的参照，因此，他们的作品强调笔墨水性，强调色彩，强调形式，强调个性风格，图式的构成更加广泛而丰富，创作时的包袱很轻，讲求时代气息。

　　进入新世纪以来，中国画以中青年画家的积极改良而进入一个崭新的时代，具体有以下几个标志：①现代水墨画的重心转向了新规范的创立；②创立个人的图像程式和笔墨程式；③力求画面向大结构倾向，求大整、求大美；④强化形式感和画面语言的纯化；⑤讲究平面构成、色彩构成、笔墨构成；⑥笔墨当随时代，形式当随时代。

中国书画市场的日渐繁荣，广大中青年画家遇到了前所未有的黄金时代，而黄金时代就应该创黄金业绩，这当是书画市场对中青年书画家的厚望。

中青年书画家成熟的风格已初见端倪，他们有艺术的灵感和激情，更有充沛的体力和精力，他们中的多数讲修养、讲才情、讲格调、讲境界、讲品位、讲书画印的全面造诣。特别是近两年，中青年画家以各种形式展出，有个人展览、主题展览、专题展览、联合展览，等等，非常活跃。

我想从以下几方面分析中青年书画家的收藏投资价值。

一、没有直接的可比性

当代中青年文人书画家的作品，以"新文人画"路数和风格为中坚主体力量之一，作品的趣味趋于传统的文人趣味和当代大众文化的合一，或者说是传统文人画转化出来的当代形态，属墨守成规又入古出新中的出新一路，更适合于大众收藏，另外，中青年书画家的艺术市场基本上是原级市场，好比原始股有十分巨大的升值想象空间。但带来的矛盾却是供画潜力大，希望能有机地解决好价与量的关系。目前，部分中青年画家的作品有虚高和炒作的成分，收藏者需要鉴明。

二、作者群的相对集中

杰出中青年文人画家大都是来自三所美术院校，一为中国美术学院（杭州）、一为

中央美术学院（北京）、一为南京艺术学院美术系，这三所美术院校中的师生，基本上反映了新中国中国画教育的成果和状况，再者，他们所在地恰好都是中国画创作从古到今的高地和重镇，同时又是当代中国画教学的权威中心，体现出鲜明的纵坐标与横坐标的统一，这种时间与空间上的统一特点，也恰好转化为当代中国画创作的继承性与时代性契合。

三、审美图式的入古出新

他们共同的特点是：①在传统审美程式之内找到连贯的当代中国画的审美图式；②走出新中国成立后中国画家盲目用西画套在中国画上的阴影，寻找当代中国画最本质的东西，因此更具民族性和时代性；③画中或多或少反映出多元的文化取向及艺术包容性和可塑性，在不同角度中，反映了对当代国际视觉文化的吸收和参照；④体现了审美趣味的文人品位和大众趣味的合一，表现出商业文化浪潮中的文人画趣味性、平民性的新的生长点。

四、投资的市场潜力和增值前景

买书画增值是主要目的之一，所以许多收藏界朋友问我，向哪一类书画作品投资增值最大？综合地看应该是当代艺术家的作品，尤其是上升时期中青年的艺术作品。成熟的艺术市场是以收藏当代艺术家的作品为核心，这对创作倾向，学术导向和推出大师都具相当的意义。

（1）对古董及文物而言，它的市场价格经过每次倒腾、滚动，基本已走稳，它的增值是随着物价的上涨因素以及折换及储藏等费而增值，确切的说是在保值，除非有大的经济增长和其他非不可预见因素，理论上讲，一般很难有质的飞跃。而中青年作品是原级收藏，价格上升空间极

大，当然也有风险的，但与买一幅大师的假画、赝品、庸作，或购买一件假古董相比，这种风险实在可以忽略。

（2）介入当代美术作品，最大的前景还在于未来的大师级人物的出现，精品力作就在其中。现代是信息社会，一般不会出现古代隐居式的大师级人物，只要是有一定成就的画家，都早已登台亮相过，要么获奖，要么参展，要么媒体宣传等等。最可贵的是，中青年画家的作品集中反映了"文革"结束之后、改革开放以来，在对中国画性质自省和从新认定价值之后，面对国际大美术文化的挑战的积极反映，他们之中，已经有国家级，世界级的美术馆珍视的佳品了，因此其增值前景不可限量。

选择投资哪类书画最值钱

纵观近几年投资品种，就房地产、股票、珠宝首饰、玉石、保险、艺术品而言，艺术品收藏是绝佳的投资行为，尤其是中国字画的收藏，兼且经济和审美的双重价值，深深被人们所喜爱。进入二十一世纪以来，特别是在注重文化建设、注重先进文化的指导思想下，一种文化情节、传统情节的心绪会萦绕脑际，代表东方艺术的中国书画必能迅速崛起，成为艺术品投资领域中最为耀眼的投资亮点，加之住房的私有化，装点家居的文化必然，使中国书画原作逐渐进入千家万户，成为大众接受美、接近美、亲近美又增值保值的项目。

书画投资是效益最佳、回报率高但又是有风险的一个领域，因为近现代书画家成千上万，那么初涉字画市场的收藏投资者如何沙里淘金呢？换言之，选择收藏哪类画家的作品（最具潜力）就显得尤为重要。

一、选择古字画

由于历史性、文化性和存世量，决定了古字画的价值，这里的古字画多指明清之际的字画。长期以来，近现代画家的炒作十分激烈，价格大大超过明清古字画，但至2009年这种狂涨已基本结束（少数画家如齐白石除外），从2009秋季全国各地的中国字画专场拍卖便可看出，而明清文人古字画一直没有大涨，因此自有相当的升幅空间，让人想象不已。

二、选择中青年名家

老一辈画家的作品肯定有相当的投资价值，然而目前市场上伪作和赝品较多，除非能亲自从画家手中购出，否则风险极大。而中青年画家仅有一点小名，其价必不太高，投资入手可望得到较高的回报。中青年画家的艺术地位还没有社会和大投资者的认可，意味着未来的不确定性，这里值得注意的有三点，一是中青年画家的作品大幅增值需一定的时间积累，可理解为长线投资；二是寻找直接面对画家的机会，如艺术博览会、书画展览、笔会，还有报刊、杂志、出版书籍等；三是积极主动参与宣传中青年画家，将他们介绍给熟知的企事业、投资者、亲朋好友等，加速并提高其出名和升值。

三、选择精品力作

决定书画作品价值的主要因素是艺术价值，也就是艺术价值与经济价值是成正比的，艺术水准越高、则作品的价位越高。这里的艺术水准指技法高、格调高、人品高和时代气息浓郁等因素，所以从此角度来，一定要投资精品力作，投资能代表画家风格的精作，如发表作品、展览作品、出版作品。应酬作品水平一般且多泛，经受不起时间的考验，能保值已属万幸。

面对眼花缭乱、艺态纷呈的中国字画市场，选择十分重要，当您的选择是明智之举时，就意味着您不仅赚了钱，而且赚了自信心，赚了生活的乐趣，那喜悦真是无法用语言描述的，您也因此更爱投资书画，反之，可能造成不必要的经济和精神损失。

书画家商业潜力预测

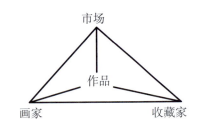

书画市场的内容包括：书画家人才市场，书画培训市场，书画信息市场，书画资金市场，书画中介市场，画廊和展览馆、博览会。还可以更显然的通过下图来表明书画市场的几个重要关系：

整个书画市场有三个基本向度，但这四者的关系中，作品是核心内容，是首要的。

既然作品是市场中的核心，那么作为作品资源的画家，他的商业潜力就显得特别重要。

书画家商业潜力其实是指该画家作品可能有的商业价值的大小，或者说是指画家的画作未来商业价值变化的趋势。常有这样的现象，以为颇有造诣的画家，他的精心制作却未必体现出相应高的商业价值，另一位书画修养和书画技巧或许并不比前者高，但他的画进入书画市场后却能够迅速收到众多消费者的青睐，从而获得较高的商业价值。这些现象是客观存在的，有商业包装操作方面的原因，有时代审美取舍的原因。这说明画家的商业潜力和艺术潜力不是一回事，当然长远的看，商业潜力与艺术潜力是同向的、成正比例。

所以预测书画家的商业潜力是书画市场、画廊、书画中介及收藏家的任务之一。例如巴黎楼拜画廊经纪人皮埃尔在经营西班牙画家米罗作品时，早期将近十余年没有什么销路，但他依靠对米罗艺术水平预测的信念和投资坚韧性，最终获得了极大的成功，米罗后来的画价一路狂升，皮埃尔也成为红极一时的画廊老板，成为画廊业的经典故事和范例。

我们完全可以从主、客观两方面，理性分析影响书画家商业潜力的诸多因素。

主观方面。多研究书画家创作实力，在圈内的热度，对书画市场和书画创作的态度，看书画家的成果，作品的格调、气息、风格等，还有画家的成长性及身心条件。书画家的创作实力无疑是最重要的指标，包括书画水准、审美档次、稳定性、文化品位和作品数量。这决定了能否创作出精品来，又决定了能否在市场需求时得到供给。

客观方面。生活环境条件、地域差别、工作条件、书画消费等也是重要的因素之一。书画家的商业潜力是受制约于书画消费的，疲软的书画市场是刺激不起书画家的商业潜力的。清初时期的北京、上海，商贾云集，商家多喜字画收藏，所以造就了"海派"、"京派"书画大师，如齐白石、陈师曾、吴昌硕、任伯年等，都是商业环境促成其留下了大量创作作品。反过来说，书画市场的看好，也说明社会的书画消费水平，说明经济水平和文化水平的档次。当前，世界经济高速发展，中国经济已排名第二，文化产业、知识经济初见端倪，加之书画艺术信息的高速度、广泛的传播，画家的地域差异在缩小，只要书画家有实

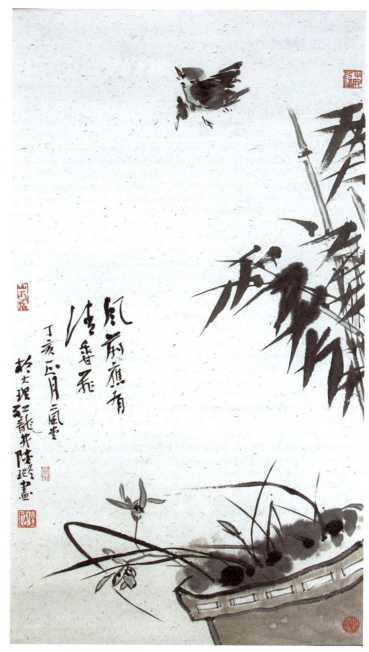

力，在任何时候、任何地方都能打开市场局面，都能成为具有商业潜能的画家。

企事业单位投资书画作品的意义

　　企事业书画投资是指企业、事业、公司、单位在书画作品方面的投资。

　　当代西方许多大型公司，著名企事业非常重视美术品投资，舍得在文化艺术上花钱，"而且艺术报偿已经出现在少数的企事业领导身上"。据美国《财富》杂志的报道，在美国引人注目的具备美术收藏的企业十年来几乎翻了50倍，美国企业向美术收藏领域投入的资金递增了80倍。《收藏》杂志上有一篇介绍中国百年著名企业开滦煤矿收藏艺术品的文章《百年开滦，百年收藏》，一个在中国近代工业发展史上举足轻重影响的百年老企业，竟是我国企业收藏的先驱，产生意想不到的巨大效益，开滦企业的艺术品收藏，震撼了社会各界，引起了人们对企业收藏的深思。还有美国《读者文摘》的艺术品收藏，在全球享有盛誉，他们收藏有画作、雕塑、摄影、素描、版画等大约10000件收藏品。以上事实让人怦然心动，生动地说明了重视企业收藏的同时，就是重视企文化的积累过程，它为现代企业的持续发展和形象塑造提供了物质基础和动力支持，已被海内外越来越多现代企业家所推崇。

　　具体地说，企事业单位投资艺术品具有下列意义：

　　第一，构成企事业文化的重要内容，有助于全面提高和强化企事业形象，提高知名度。企事业文化和企事业形象都是综合性的概念。企事业文化包括诸文化内涵和作为整体的企业物质财富、精神财富总和。企事业形象是指企事业在市场竞争中、在社会环境中的整体形象。书画艺术投资行为的本身及获得的物质收效（购得艺术实物）和精神收效（如职工审美修养和文化素养的提高），都会构成企事业文化的重要组成部分。如日本东京安田火灾保险公司就很懂得艺术投资与企业形象的联系，肯花大本钱在美术方面，80年代末，在索斯比拍卖会上以当时最高的画价购得凡高的名作《向日葵》，并且在整个拍卖过程中大肆宣传，颇为引人注目，安田公司有两个展厅，都挂满了世界各国的美术精品，其高水平、高质量、高档次的艺术收藏，证明了公司的实力，使公司上下充满信心，并使公司在全世界名声大噪，业务量猛增。笔者曾筹划组织"以粮为纲、鹤庆乾酒"全国书画作品展赛，出版《对酒当歌——中国酒文化书画作品集》，不仅宣传了企业、宣传了企业文化，而且收藏到近千幅酒文化相关的书画佳作，还计划建设中国酒文化博物馆呢。可见其影响和效果。

第二，改善企事业单位工作生活质量，提供审美对象，美化工作空间，改善企业文化环境。树立企事业的文化、文明形象。

第三，书画艺术品是企事业文化建设的物质载体之一，可以连续性、独特性的收进一些力作精品，这些作品一旦为企事业拥有，马上可变为企业的实物文献，具有一定的历史意义和历史价值，即以书画艺术的形式传承企事业精神。

第四，书画收藏是一种见贤思齐的行为。用企事业本身的艺术品作广告，宣传公司的商务更有说服力，更容易使人信赖。所以说，书画收藏永远是企事业投资艺术的一个重要方面。

第五，书画是高雅礼品，独具特色，有相当明确的指向性。中国人注重送礼，所谓礼尚往来，所谓人情味。一般礼品，特别是吃、穿、用等，已不见品位了，高雅的艺术品，具

使用、审美、增值等多种功能，可体现双方的品行，达到双方满意的目的。

第六，书画艺术可作为特殊的公关手段。公司收藏名家书画作品，或者收藏具有发展前途的有才华的年轻书画家作品，以直接的方式资助艺术事业，使公众对该公司对责任期望有良好多印象，这有利于建立良好的公众关系。今年，中国许多企事业也开始投资文化，筹办各类书画活动，这些活动虽不能直接宣传企事业，而是以办好各种活动吸引观众、大众和消费群体，这种相当有效的公关方式，能使企事业形象和产品最快地直接走进千家万户。

第七，书画收藏是企事业固定资产的一部分，还能增值获利。书画收藏的获利是很高的，在中国书画拍卖会上，许多名家书画真迹的价格已经飞升到耸人听闻的高度。80年代，许多有眼光企事业收进的名家字画如今已获得相当巨大的、有的是亿元级的回报。虽然企事业收藏字画不以"卖画"为主要目的，但充分说明书画投资的增值功能。

个人收藏书画艺术的意义

购买书画作品，最初的行为是文化消费，然后是收藏，再然后是书画作品产生收益的可能，这时就属于投资书画了，因此，购买书画作品，等于把钱交给自己，为财富积累的另一种方式。解放初期，书画家、书画收藏家钱君匋夫妇曾分别将钱购买财物，钱君匋买的是书画，其夫人买的是金银首饰。20世纪80年代以后，钱君匋买的书画价值翻了数千倍，而其夫人买的珠宝金银仅翻了十余倍。因此，个人投资书画所得到的不是一般的审美物品，更不是一般的消费品，而是资产，是预期未来将给该资产拥有者带来收益的经济资源，从此角度看，书画作品是可以作为经济资源的。

个人投资书画的意义可以从以下几点说明：

第一，保值增值和获利。这是目前个人投资书画的主要愿望和动机。随着经济的发展和艺术市场的健全，越来越越多的人认可书画作品和证券一样可靠，比股票安全，风险系数小。眼光独到的收藏家往往目光敏锐，抓住时机大搞书画投资，收藏一定的的时期，在书画价格飞升之后，

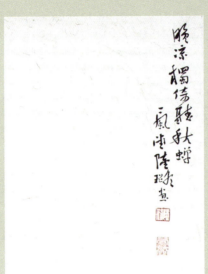

占有者就拥有比实际价值高出许多倍的经济回报。一般来说，由于书画家艺术水平和知名度的不断提高，或者作者去世带来的"不可再生"和稀缺，书画作品的价格翻番是比较普遍的现象。当然，资金投入书画是获利的途径，但同时也担有风险，这需要收藏者"有心"、"有眼光"和"有胆识"。

第二，书画投资能愉悦生活，美化生活环境，有助于身心健康。个人书画投资在具有获得经济收益的同时，也有美化装饰功能。书画艺术在本质上是审美为主的，即有一定的审美价值。

第三，个人投资书画作品，是物质的付出，精神的收获和享受，它能提高人的精神品位。有时候，人的需求是多方面的，物质的需求当然重要，但精神的需求不可或缺。当前社会，娱乐的场所实在太多，而娱乐其实就是物质的付出，得到精神的享受，但我们总不能泡在娱乐场所中，况且，喧闹的娱乐场所并不能有效地解决人的精神生活，往往喧闹之后更空虚。不如书画收藏，直接进入个人宁静的生活状态，能自由自在，能放松心境，能宁静能淡定，实在是业余生活的最佳精神寄托。

第四，加强人际交往或公关能力。当前社会经济因素广泛渗透而占主导作用，人与人社会联系的加强，特别表现在友情的物质化，使人们交际交往或公关能力显得特别重要，成为个人全面发展的重要标志之一，这是个人在事业上要取得发展的重要前提。书画投资从三方面加强了投资者的人际交往或公关能力及水平、档次。一是书画投资同时作为一种审美载体，提高自身的艺术修养和审美水平，交际面更宽，更有内容。二是书画投资为人际交往创造一个更加亲切、融洽的交往气氛，特别是爱好收藏引发的同行交际交流，能如鱼得水，即使与地位、职位、名位高的人交往也有底气，因为你们都爱收藏书画，有一个共同爱好的基点。书画投资不仅显示出投资者的财富，更会使其品位得以提升。三是可做高雅礼品，有舍有得，此不必赘述。

经济是一切文化得以存在和得以更新发展的基础。如果说当代书画较之传统又变化，那么原因应追溯当代的经济。

当代经济的发展至少在以下几方面制约和影响书画艺术的观念。

经济的发展才使相当多的人，特别是大众，摆脱贫困，人有了闲钱，才有闲情、闲暇、闲趣去追求生活质量，其中追求艺术品，追求收藏品是一种时尚，人们有把玩艺术品的高级需要。

当代中国人是从解决温饱问题走过来的，进而渐渐有了精神的追求和人生爱好，用有品位的书画作品作为载体，改造自己的文化生活，提升自己的生活质量，甚而自己也想动手做一做。他们把可以艺术享受的书画作品置于家中，悬挂装饰或密藏欣赏，丰富业余生活，在工作之余，找一种乐趣。

经济的发展改变了人的生活姿态和更新了人的观念。商店里能买到的家用电器也不再是生活的奢侈品，取而代之的是书画或其他艺术品，家中客厅里悬挂的名人字画可见主人的身份实力和品行。笔者曾在山东一朋友家的一个单元里的十户人家见到当代名人字画，让人叹为观止，就在这个单元里就可窥伺当代书画走向。因此，有人戏言，在一个经济发达的地区，甚至是经济发达的一个单位，就能写当代书画史，因为这一地区，这一单位（或个人）已拥有当代具代表性画家的代表作品。

一位哲人说过："一切皆过眼云烟，唯有艺术和美是永恒的，艺术和美置于世间万物之上，她们才是唯一能超越时间、

永恒流传下去，并值得人们为之献身的东西。"的确，当代工业社会，一切产品、物品的更新相当快，淘汰频率越来越高。而书画艺术品其价值是反向的，越古越旧反而越有价值，而且成为人们怀旧和留住历史的实物纪念品。

经济的高速发展，人与人的交往多注重物质性，在衣食住行不愁时，书画作为高雅文玩，确是拿得出手的东西，且有永恒的魅力。

所以，随着经济发展，收藏书画艺术品应该长期看高一线。

书画艺术直销

　　真正意义的当代书画收藏在我国刚刚开始，保护收藏者的利益不断扩大收藏家群是书画市场建设的重要方面，是真正的书画市场繁荣的重点工程。

　　由于书画艺术的真伪优劣是制约书画市场的主要关键，所以书画直销应该是推动书画收藏的重要举措之一。书画直销必然带来与收藏家（客户）直接打交道，会有许多麻烦，诸如客户的电话、书信、造访等，的确会占据画家的许多时间，分散精力，甚至扯皮，但是，鉴于目前市场的无序和假画困扰，诚望书画家与收藏家双方的姿态不妨都高一点，此也其实是双方互利互惠的一种买卖方式。

　　当代书画收藏的中心机制是书画拍卖和艺术博览会，从20世纪90年代起步至今，各自争雄，构成了书画市场持续升温的景观。但应该看到，中国书画拍卖和西方美术品拍卖走向有明显的不同，西方拍卖的美术作品大多经营在历史上已有学术定位的经典作品，而且中国书画拍卖会重点放在现代书画作品上，已经有短期效益金额急功近利的嫌疑，这使得持续升温的表象下，潜藏着一定的危机，加之假画事件不断被捅破，价格和作品的真实性产生疑虑，使得书画市场不能不让人忧虑。

所以我提出当代书画家作品以直销的形式进入市场，即以直销为中心市场的机制，是有一定的现实根据的。这一机制强化参与意识与竞争精神，为书画家进入市场带来许多新的课题。

一位画家只有在市场中不断自己"亮相"，才能吸引观众和收藏者的注意，让收藏者直接了解画家在艺术上的发展状态，增加书画投资的信心，同时，书画家的真实艺术水平也就获得了市场承认，奠定坚实的价位基础。从书画价值实现的规律来看，持续发展的、真实可靠的、公开公平的逐年提升多价位，对于书画家来说才是牢靠稳固的。

中国古代书画作品都是在文人生活习惯作用的生活中流传，多数文人画作品主要是辗转于作者相近的亲朋好友圈内，实现直销性的书画作品交易，这种熟人型的模式对社会而言绝对是封闭的，这种依赖信息量较小的流通渠道，局限于某种机遇，很难发展和拓宽市场，而今天社会是高信息时代，画家完全可以作为自己作品的代表，直面市场，况且现在是讲效益，将市场的时代，画家与熟人，画家与亲友之间的常规联系也是经济行为的，这种行为割断了所谓的"人情"而起到一种经济作用。与画家不相识的购买者，同样可以通过直接购买实现其交易，社会化的直销无疑增加了书画交易范围，市场在有序、温和的扩大。

面对21世纪的书画市场，要解决好画家与收藏者买卖双方的关系问题，让直销成为推动书画收藏的引擎，实现画家学术抱负与书画市场行为的统一，使中国书画市场鲜活而有生机。

投资书画也是一门艺术

　　中国书画是中华民族艺术创造的结晶，历来深受我国及世界人民的喜爱，国内的书画市场日渐成熟，各种书画收藏活动一浪高过一浪，人们对文化精神的需要也日益高涨。当代书画收藏随着社会经济的发展日益兴旺起来。

　　书画不像其他商品，成本加上利润就得出大体价格。书画艺术作品无一定的

市场价格，制约因素实在太多，行情涨落也相对复杂。根据调查，现在涉足书画市场的人，多是爱好书画，有的甚至本身也能写写画画，大多具有不同程度的书画知识和书画鉴赏力，如高管、公务员、教师、医生、干部等，他们也能说出书画艺术的ABC，也能"沙里淘金"，还有一些仅仅是感兴趣，以至于逐渐迷进去，但不论是何身份，人们都以"人能好字画，即高出于世俗，其胸次自别"，又以为"古之好字画者聚道，今之好字画者聚财又聚道"，所以，投资书画既能聚财，又能聚道，更能高于世俗的美誉，这就吸引了商贾、文人、政要、白领阶层等把一部分钱财投入书画市场。

书画市场有别于其他古玩市场，就在于他的艺术规律和艺术性，这就要求收藏观念更加理性，能买到价实真品和精品，则能得到物质和精神的双倍愉悦，反之损失就大了，这就说明投资书画讲究艺术，即花钱的艺术，大抵可以关注以下要点：

一、多关注有创新风格的好作品

优秀力作是支持画家声誉的基础，但一件好的作品有时也未必有一个好的卖点，不少画家有不错的绘画技法，如果不能创作出新颖的、有时代风貌的作品，会使其画长期"养在深闺人未知"，这里有三个原因：一是画家没有长远规划，只满足于得过且过，不考虑作品的未来及与时代的相宜程度；二是盲目自信，自我封闭，抱着："酒好不怕巷子深"的心理吃老本；三是不知如何营造自己的市场圈子。

画家的作品风格就是物化了的经济形象，这一形象的树立，是通过"物"——作品形式来表述的，一件好作品的发表或展出，当然离不开画家的精心创制，但作品推出形式、形象、定位及消费者群等则需画廊或经纪人（中介）的参与，而不是靠感觉或守株待兔。所以作为书画收藏者或消费者，理应主动、积极地多关注画家的精品力作，这是考验艺术眼光的时候。

二、多关注拥有核心竞争能力的画家

画家作品风格的创造，有效手段之一是作者需拥有核心竞争能力——特别擅长画什么。如狭义的说齐白石的虾，吴昌硕的梅花，黄宾虹的山水，黄胄的驴等等，广义的说就是独特的绘画语言，这种绘画语言是前无古人的，这就是核心竞争能力的体现。核心竞争能力说穿了就是指画家所具备的独特表现题材、手法、语言等独特技法及独特的艺术地位，还加上独特的进入书画市场的渠道等等，此外，画家的画带给消费者以独特的价值、利益，这是其他画家难以模仿、仿效的能力。拥有核心竞争能力的画家所获利益无疑是十分巨大的。

画家形不成核心竞争力，原因是多方面的，具体有两点：一是缺乏整体战略，四面出击，不发展自己最擅长的，而是追求"短、平、快"，跟风作画，什么画好卖就画什么，什么画简单就画什么，将眼前利益看得重于一切；二是画家不愿为成功的作品再投入，满足于现状，以至于逐步被竞争对手蚕食，要知道任何行业都是：不进自退，艺术界犹然。著名艺术家盖叫天曾说过一句话："一日不练自己知道，三日不练同行知道，十日不练观众知道"。最典型的例子就是，许多美术学院毕业的学生，毕业创作十分投入，肯花大量的精力和时间，创造的作品很见才华，但毕业以后就再也创造不出这么有水准的画了，因此，美院有些教授在毕业生座谈会上语重心长地说，希望毕业创作不是你们一生的毕业创作，可谓用心良苦。类似的情况在展览中也有，有的人一旦在全国美展上崭露头角，就不敢或不想深入探索下去，而更想满足于现状。

以上这些都是制约拥有核心创作能力的因素。作为书画消费投资者，了解一下大有裨益。

三、关注书画消费者

　　无论哪行，同行的行为都应是值得关注的。作为书画消费投资者，当然也要关注同行。

　　从进入书画市场作品的角度看，作品已不是画家的了，而是市场的，确切的说是消费者的，购买作品的决定权在消费者，他们是书画市场中的衣食父母，消费者之间的影响大于一切，这是一个民众信心的问题，是一个人气的问题，"人气一旺万事成"。以下三种情况哪一种最接近消费者的内心真实？这是很关键的问题。

（1）十个消费者一个声音；

（2）一个消费者一个声音；

（3）一个消费者十个声音；

显然，第一种情况十个消费者一个声音就显得十分有力，所谓"万众一心，黄土变金"。也就是说，书画消费要构成生动迷人的经济活力链，而它的起点就是收藏民众信心，就是消费者的异口同声，可见关注同行是有益的。大众看好的画家，必然看"涨"。

四、关注画家的检视及成长性。

画家作品风格产生的关键是创新，既然要创新，就要有一个对自己的作品不断检视求变求好的过程，通过检视，明确了解画家的认知度、知名度，对画家有长期的沟通，忠诚于画家画风的同时，也希望画家水平的成长。目前，画画的人太多，而成名成家者鲜有，说白了就是画匠多，画家少。真正的画家除能画好画外，还应有研究、有文章、有创新、有修养、有成长、有思想、有意识、有艺术家及知识分子本色等等。

祝书画消费者都是精明的行家里手，以花钱的艺术投资书画艺术。

收藏投资书画看什么

作为一个字画收藏者，有独到的眼光，能够把握画家身上最能带来回报和利润的素质，无疑是非常重要的。

社会走向市场经济，收藏投资只能买卖双向选择，对于一个刚刚涉足书画市场而又没有书画经验的收藏消费者来说，选择字画很可能被某某画家的社会声望所左右，而画家的社会声望是有着深刻的社会、地域、文化、历史等背景的，画家声望是某一特定时期的价值取向，能够看得清画家声望产生的原因、背景对我们选择买画、防止盲目，有着很重要的意义，那么买画，我们应多看重画家的什么呢？

看品位格调。书画作品最终是以格调品位高低来评估艺术品的层次。所谓的"高格调"、"高品位"，其实质可以理解为画家高度的精神性艺术性文化性，是人的内在精神的外化，是高尚人格的外化。艺术创作，说到底是画家内在精神的物化过程，艺术品价值，建基于人的价值，所以格调、品位、精神性、思想性、人格是这个价值标准的核心，画画，最重要的不是画花画鸟画山画水，而是画自己，画作者本身，唯有这样，才有深度，才值得画家将那么多毕生精力投入进去，才值得我们去花很大的货币代价去收藏投资。

看学养功力，看气质才情。历史上那些被人们称为大师的画家，他们以自己的颖悟和实践构筑了一个价值标准，而今天的画界、收藏界、专家对他们的收藏和推崇，正是对这个价值标准的肯定，这个价值标准是什么呢？我们可以试着简单地归纳为一个图示：

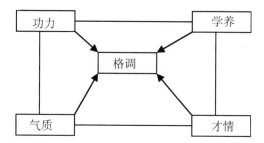

这个价值标准有四个角，或者说四个支柱，功力、学养、气质、才情，四者不可或缺，在四者和谐统一的基础上，制约、影响并形成某种格调（或风格）。这四者抽掉或换成别的内容，则高标准会降为低标准。因此，这是买画要看的最重要的内容。

看交游资历。看家交结的同行朋友，看他的交际圈，大抵可看出其层次。看画家的游历，也可看出其见识，中国文人是讲究"游"的，所谓心游，所谓心游万物，使心与自然得到沟通、交流，达到天人合一的境界，这也是读万卷书，行万里路的"行"的实践。

至于说看资历，是指看画家的成长过程及艺术简历、阅历等，资历也是助成画家成功的要素。另外，在买画时，还应看一些外在的因素，如看品相，看尺幅，看题款，看印章等等。

目前，我国书画市场中，能够进行书画买卖咨询的专家还很少，随着市场机制的完善，这方面的工作会渐渐开展起来，届时，如果你看不准，看不清自己到底要买什么画时，就可以向专家咨询了。所以，最后一点是看专家。

书画拍卖市场的新航标

　　书画拍卖市场已走过近20年的路，发展到今天，人们非常渴望把握拍卖规律，规避投资风险，真正认识书画拍卖市场的内在规律，以便在拍卖市场中找到独特的收藏物件展现书画拍卖的魅力。最近几年的拍卖市场，可有以下的现象和特征：

　　（1）马太效应催生天价，强者恒强，弱者无人问津，甚至流标。

　　（2）市场中书画作品档次高低、质量高低、风格各一造成分化与聚合现象，高端市场以分化为主导，低端拍卖以聚合来聚人气。

　　（3）一方面寻求新价值，寻求高价值低估价的作品，另一方面有赝品庸作充数，避险与检漏相互纠结，使市场充满机遇与挑战。

　　（4）房地产、股市、奢侈品投资的低回报甚至负回报，不断使新资金入场，提高了人气指数。但同时，信心不足，又影响了新资金的稳定性和入场额。

　　（5）流拍现象突出。原因在于：惜售心情抬高预期，预期抬高底价，高底价制造了流拍。

　　2012年以后，中国书画拍卖市场总成交额突破1000亿的大关已变得乐观。造成以上五个主要的书画拍卖市场现象是有规律把握的，分析梳理主要有以下三个矛盾相互制约：

一是书画拍卖市场惯性与市场动力的相互作用。书画艺术作为中国人喜爱了近2000年的文化需品，深深地打上中国传统文化的烙印，也深深地印在中国人的心里，经济的富裕，生活的安宁，精神的需求越来越多的人会进场，这种惯性与动力是永恒的、绝对的，调整、回调、提升等也是永恒的、绝对的。而留转、放缓是暂时的、必要的。

二是书画拍卖市场投资与投机的相互作用，长线与短线的相互作用。市场的繁荣、稳定与发展都将依托于市场资金的流量、流向和流入、流出。一般情况，书画市场的资金流入的过程是："流入——消化——盈利——流出——再流入"，所以资本的流动过程决定市场的冷暖和不确定性，当然也有相当的资金是长线投资。快进快出不适合书画市场资本流动模式，显然，在书画拍卖市场玩"过程感"一点都无成就可言。

三是书画拍卖惜售与推优的相互作用。由于中国经济的持续向好，中国传统文化的价值认可，精、优、尖的书画作品表现出一种惜售现象，这是一种新趋势、新趋向。因此非常好的作品一旦出现，则必然被层层推高，不断刷新成交纪录。顶

级质优的书画作品的确是"皇帝的姑娘不愁嫁"。但是，这种现象的负面结果是，顶级质优的作品量少，则必然造成成交市场低和成交额降低。

上网买书画

互联网、物联网正在左右着我们的生活，一年365天，一天24小时的竞拍交易，书画艺术品网络拍卖是一家永不打烊的商店、画廊和店铺。可以断言，互联网的热力将无限蔓延，书画艺术品网络购买的方式将不断延展。

2011年12月，佳士得"伊丽莎白－泰勒珍藏系列"在纽约拍卖，有近1000件物品在网上竞标，来自世界各地的竞买人皆能参与到这一具有里程碑意义的上网拍卖活动。此次网络拍卖创下了逾950万美元的成交金额，成交率高达100%，竞价次数达5.7万次。

事实上，互联网已经逐渐成为人们日常交流和交易的重要平台，据统计，目前全球网民已达28亿之多，还在逐月增长，对于书画艺术品全球交易市场来说，可谓活动十足、魅力四射！这欣欣向荣的背后也折射出一些问题。

一是看的多买的少。

二是互联网突破时空限制，提高了效率，降低了门槛，因此作品的档次、质量等皆有问题。

三是鉴定混乱，审美不一，"假卖"、"卖假"时有发生。

四是海量的图片信息增加甄别筛选的难度。

五是低品质、低保障，增加监管的难度。

稀缺性带来"虚火旺"

书画艺术品的供给量和其火爆旺盛的程度主要看它的稀缺性，人们对它的依赖性如何。稀缺性书画艺术品因为供给弹性极小，它无论在价格上升还是下降，其供给都无法增加或减少。

一切商品的价格都取决于供给和需求，书画艺术品也不例外。一般而言，书画艺术品价格的上升会导致供给量的增加，同样，书画艺术品价格的下跌会导致供给量的减小。不同书画艺术品对价格变化的敏感程度不尽相同，会有一定的弹性空间，这是很正常的，比如粮食的价格弹性变化反应较小，书画艺术品则富有弹性。

书画艺术精品力作除了极少数属于当代艺术家直接供给外，更多的是存量艺术品。这些作品已得到市场及社会的公认，创作水平高、技法独特、文化厚重、难度高度具备，凝结着智慧、修养和被时空打磨，所以就弥足珍贵、不可多得，增加供给量的难度越来越大。反之，中低端作品大量充斥市场，减少供给量的难度也大。这也符合二律背反。

这就是为什么出现满目赝品和当代艺术家的批量作品。因此，在书画收藏热"虚火旺盛"的现实下，拍卖法亟待修改完善。

书画收藏行业从清代起形成了一种"收藏主要看眼力，买到赝品自认倒霉"的潜规则。这种潜规则发展到今天，已经达到拍卖行里公然拍卖赝品的程度。而现行的拍卖法中规定，"拍卖人、委托人在拍卖前声明不能保证拍卖标的真伪或者品质的，不承担瑕疵担保责任"这一条款的存在更是为这种潜规则的存在提供

了法律保护。这种诚信原则的缺失和无语，与我们时代所提倡的诚信社会不协调，也有失公平、公开、公正的起码原则，况且拍卖法中这一条款的存在本身就与消费者权益保护法的规定相抵触，因此修改完善拍卖法是必须的、必然的。

现在可选择的投资渠道不多，于是很多人纷纷将目光投向收藏市场。中国自古就有"盛世收藏"的说法，所以收藏市场热起来是很正常的。但值得注意的是，目前我们的当代艺术品收藏市场"虚火旺盛"，而书画艺术品收藏方面诚信规则缺失、赝品横行是很大的问题。还有一个"虚火旺盛"的现象就是在当代艺术品收藏市场上，很多人为提高自己作品的价格而采取人为炒作的做法，有的串通媒体，有的串通拍卖行，有的雇"托儿"到拍卖会上推高价格。其实他们的作品究竟是不是与拍卖的价格相符？

书画作为奢侈品的投资路线

据奢侈品投资报告所发布的最新报告显示，中国的奢侈品投资其规模、种类、质量上升趋势之猛，让人猝不及防，书画、黄金、名表、名酒、玉石等奢侈品投资一浪高过一浪，这些奢侈品投资有一个明显的态势就是消费属性减弱，收藏和投资的功能逐渐强化。

相比钻石、名酒、玉石、古董，最赚钱、增值率最高的仍是中国字画。

例如1990年左右，中国美术学院中青年教师的国画力作仅100元左右1平尺，这是一个普遍的、圈内的、约定的价格，二十几年后，这个群体的画价达到5000左右一平尺，这是一个平均价值；相比上涨数百倍，这种

涨幅是其他门类的奢侈品种无法相比的。相对而言，奢侈品投资有一个共性就是长线投资，东西买来后，可能要收藏5年8年甚至更长，之后再去变现，若今年买明年卖就显得无意义、无价值、无味道。

根据笔者统计，中国书画名家中只有总量不到1%的书画家才有收藏价值，也就是说，只有少数顶级书画家才有市场潜力，成为奢侈品。正是这种稀缺性和神秘感，才不断地勾起投资者的热情。也可以这样来划量，如果投资现当代书画名家的书画力作，过去5年的回报率为50%，过去10年的回报率是150%，过去20年的回报率是500%，而同一时期黄金的涨幅仅有4倍，所以越早投入，就换来越早、越高的回报。

书画作为奢侈品过去很多是家里悬挂和收藏，而现在也被用到送礼、商务应酬，在此获得认同认可，而且显得文雅低调，不显山露水。这样的模式不会演化为击鼓传花式的游戏，也不会成为炒花、炒地的政府干预。

过去很多人玩收藏就是玩兴趣，但现在更多的价值取向和功能是投资，最近两年，更多见到的是机构投资者。以风险投资融资的方式在大举进军书画市场，他们的投资方式和方向集中在奢侈品的流通渠道。《世界奢侈品协会2011年官方报告》显示，中国奢侈品投资消费市场仍然保持着强劲的增长势头，特别是中国，奢侈品消费水平列全球第二，且占据全球份额的1/4还强。专家预计，2012年以后，中国奢侈品市场消费将会达到146亿美元以上，超过日本，成为全球第一大奢侈品消费国。这种巨大的增长潜力，成为中国书画收藏与投资的重要力量，这是一个高端领域。现阶段比较适合投资的奢侈品主要有四大类：珠宝玉石，高级腕表，艺术品及奢侈品服务。当然作为奢侈品的书画艺术，也面临价值风险。这要求收藏者对作品价值有一个准确的判断，甚至精度要很高。

理性乎？博傻

2011年1月18日，国内首家文化艺术品交易所——天津文化艺术品交易所在天津市成立，同时已故天津画家白庚延的一幅代表作《黄河咆哮》被分拆为500万份单个交易单位，在天津文化艺术品交易市场上交易。从交易日起到短短的3月16日，发行价为1元人民币的每交易单位（每投），一路冲至17.16元/股，涨幅超过1700%，即上市以来平均每天以15%的涨停速度大幅飙升。3月17日，天津交易所发布公告，以降低投资风险，保护投资人为理由，对《黄河咆哮》等艺术品实行停牌。

找下一个觉得它会涨的下家，这就是博傻。

天津交易所的"拆份"、"份额化"模式，就是把一件艺术品权益划分成很多小的单位，大大降低书画艺术品购买的门槛，创造出较多的购买需求，这仅仅只是一种刺激需求的促销方法和手段而已，它与股票的证券化不同，股票的证券化是企业未来经营可能带来的利润和回报。

在资本市场中，人们之所以完全不管某个东西的真实价值而愿意花高价购买，是因为他们预期会有人花更大的代价继续这个游戏，这里理性理智已显得苍白无力。

实际上，中国首个文交所是上海文化产权交易所，成立于2009年6月15日，其目的是为文化物权、债权、股权、知识产权等交易对象提供专业化市场平台。次年的2009年11月，深圳文交所

也挂牌成立。上海深圳文交所，都将自身描述为文化相关的几个平台——产权交易平台、产业投融资平台、企业孵化平台、产权登记托管平台，这显得谨慎、策略、圆滑、世故。但不管怎么说，这些都属于金融创新。所谓金融创新，就是变更现有的金融体制、增加新的金融工具和金融产品，以产生新的生产函数，实现潜在的利润。

文交所的运作运营方式，是一个创新，它突破了艺术品市场、文化市场和证券市场过去的模式。但是艺术品的证券化和份额化问题，仍然未能破冰。2010年九部委联合发文对深圳文交所表示肯定，鼓励"开发信贷产品、完善授信模式、扩大文化企业直接融资、培养文化产业保险市场"。全国许多个城市开始筹备建立自己的文交所。

虚拟经济与书画实物

　　国际金融危机教训告诉我们，脱离实体经济的金融发展，会助推资产泡沫形成，衍生的金融产品会成为资产崩盘的导火索，会造成经济体系资源的错配和混乱，使资产空心化和缩水贬值，一蹶不振。说回书画艺术品，有些交易所对作品进行份额化，上市交易称为"艺术品股票"，投资人既没有分红也拿不到书画实物，只能期待二级市场的价格上涨，实现获利。

一方面是各类资金无处可投，只好四面出击，寻找获利点；另一方面，中小、小微企业长期以来缺少足够的资金支持，也只能投机取巧。于是炒风兴盛。

投资书画艺术品使近几年书画艺术作品水涨船高，一路看涨。不仅如此，还有资金投入到各种商品的炒作中，"蒜你狠"、"豆你玩"、"糖高宗"、"向钱葱"、"姜你军"、"盐外之意"、"鸡蛋炒番茄"等等，这些都是虚拟经济膨胀的结果。伴随资本炒作的热情，各类交易所纷纷试水。据统计，全国各地交易所的交易品种超过百种，五花八门，不胜枚举，不

权有稀贵金属、艺术品、古玩、金融资产、股权、农副产品、医药品，还有国画、大蒜、人参果、辣椒、丝绸等，很多东西变成交易标，更滑稽的还有碳排放权。这无疑陷入了以钱炒钱，过度自我膨胀和自我循环的怪圈。诚然，我国的虚拟经济发展相对滞后，但书画艺术品作为实物交易，被虚拟肯定有问题，不是大起大落就是无人问津。

套用"百业兴方能金融兴"这句话，"书画艺术兴才能艺术品市场兴"。只有书画艺术本身的价值和不可替代，艺术品市场才不会成为无源之水、无本之木、

无纸之器。

　　我们认为，以中国书画艺术发展的需要为基础，适度的虚拟经济才可以在资金融通整合、信息传递、市场定价定位等方面发挥独特作用，从而有力促进、推动、繁荣书画艺术创作。相反，如果虚拟经济脱离了书画艺术物质基础，脱离了艺术品成长规律，脱离了艺术品价值规律，过度自我意识、自我循环、自我膨胀、自我陶醉，泡沫就会形成了。

书画上保险不轻松

随着经济发展、社会进步和科技创新，新兴文化产业的行业日益多样边界模糊，跨文化、跨行业、跨业界的文化形为层出不穷，由此而产生了多头并行多头管理的问题，因此，亟待需要进一步完善文化产业风险管理制度，并且这一制度要体现明确化、精细化和规范化。

书画艺术与金融的跨界联姻日益频繁，文交所、文化企业、书画作品入市的

方式、形式多样，保险业进入书画艺术市场显得滞后，这是一个值得试点的"险种"。（书画艺术+保险）会给书画艺术收藏带来更加安全、可靠、可持续发展的保障之一，这是毫无疑问的。

2011年中国共产党十七届六中全会形成了社会主义文化大发展大繁荣的决议，同时确立了文化产业在整个文化建设、社会进步发展乃至全面建设小康社会目标中的战略地位，政府职能部门也配套出台了多项政策、倾斜措施和扶持手段。在这种在背景下，书画艺术品市场保险将迎来前所未有的前景。换句话说，一方面保险业有责任通过提供风险保障支持书画艺术市场繁荣发展，另一方面，拓展险种的目的也可以开拓自身业务发展新领域、新天地，延伸保险品种。

2011年人保财险终于推出中国国内"文化保险第一单"，为某家金融公司拥

有、收藏、保管的价值1.2亿元的艺术品，其保险的目的是提供艺术品综合保险保障。保险责任内容包括因火灾、盗窃、自然灾害等各种原因导致的艺术品毁损、毁坏和贬值损失风险。除此之外，书画艺术品展览保险等多个试点险种也先后问世，业务量也非常可观，书画艺术品与保险业"相看两不厌"、发展态势如火如荼。

　　书画艺术品保险的势头趋好，但也存在不少的问题和困难。一是书画艺术品收藏者缺乏必要的风险防范意识。

　　二是书画艺术品与保险业、社会等多边都迫切需要艺术品参保的制度保证。

　　三是为书画藏品支付高额保费的资金来源缺额，有惜金之心态。

　　四是书画艺术品价值评估的主观性强。

　　五是拍卖一级市场对书画艺术品的真伪问题不负责，即大家都对书画艺术品的真实性不负责，导致在保险服务中其保险价值和损失程度难以评估和定论。

　　根据国际惯例，书画等艺术品的价值评估，须由行业中顶尖的、有极高信誉的、德艺双馨的专家定论，所以权威的独立的第三方评估机构显得尤为重要，真正在源头上建立起良好的书画艺术品保险经营、服务环境。

中国书画艺术品的海外收藏风

中国经济列为世界第二，并且还在高速增长、日益腾飞，整个经济发展了，物质生活得到极大的丰富，这自然将精神生活带动，书画艺术品也不例外，国内收藏热潮一年高过一年，顶级书画家的代表作品屡创新高，一般书画名家的作品也不断刷新成交记录，很多拍卖场上的作品，呈现出"回流"作品登台的走势，当国内顶级作品或者优美作品出现的空间越来越小的时候，海外作品作为新的增长极进到人们的视线，这是很正常的事。

从欧美到日本、韩国，海外现场拍卖会上中国藏家的举牌引人关注。与此同时，中国书画作品的年创新高，这种高强度的、强势的、高调的购买力更是被许多海外艺术品经营机构注意。有时为了吸引国内藏家的眼球，海外拍卖会甚至会推进中国艺术品专场拍卖会，拍品无论从数量和质量都相当可观，无底价拍卖作品可以达到100%的成交，其他拍卖成交率也能达到60%的成交。在大大方便国内买家的同时，也创造了自己的拍卖佳绩。

由于赴海外淘宝的人越来越多，特别是浙江省收藏家协会还组织了海外淘宝团，自然而然近两年在海外的中国书画作品的

价格也跃上去了许多，有的甚至翻了几倍，换言之，存在差价越来越小。组团的形式相对来说保障性和安全性更强，但每每出手则是个人的事情，保持平和的心态下手很重要。海外检漏——喜出望外，其中有很多偶然因素，主要考验收藏者的眼力、财力及魄力，在现场如火如荼的成交声中，保持一份清醒和理智，做自己熟悉的领域，方为上策。上有天、下有地、中间还得靠自己。"观天地生物气象，学圣贤克己功夫"。做好学问，多问多看多思多行，拍卖会上方能无往而不胜。

以日本为例，日本受中国文化的影响至深，日本与中国的文化底蕴接近，日本的书道、绘画里大多为中国元素。解放前后，中国大量的书画艺术从国内流出或多为日本人收藏，这个数量很大，加之欧美的一些中国书画也被经济较好的日本人收藏，加大了书画艺术品在日本的存储量，日本对中国书画的兴趣浓厚，从未间断。受经济危机的影响，日本的一些藏家只好拿出一部分藏品投放到市场中。日本的艺术品经营机构做事较细较周到，态度诚恳，针对中国的高端客户，甚至会亲自登门拜访甚至是邀请。

美国《纽约时报》曾数次发表文章，称中国艺术品奢侈品的收藏热潮涌动，前所未有。有文章说，在各拍卖行准备为销售拍卖成绩担忧之时，中国收藏家有望成为市场的主要抬轿或推手，苏富比亚洲区负责人说："中国收藏家都是一些财大气粗的成功商人。"佳士得拍卖行在伦敦和纽约都任命了中国代表，中国收藏家已成为苏富比、佳士得这些品牌大拍卖行重要的客户群，这在几年前是无法想象的。

随着中国的改革开放和经济高速增长，中国的艺术作品从古代到今天，即使是解放以后出生的艺术家的作品也呈现几何级数增长，中国收藏家在海外正成为一股日益强大的力量。

书画投资与书画投机

　　一切买卖都可以分为投资性买卖和投机性买卖。一切商品也有投资和投机的区别。买卖是为了正常的消费和生产的属于投资。既不生产又不消费，但从事买卖的目的只有一个，买进就是为了卖出，从价差中赚取利益，这就属于投机。如买股票。买了股票长期不动，等公司分红派利，这是投资，等股票涨价后卖掉，赚进出的差价，则是投机。投资是一次性投入资金，以后逐年得到回报，若干年后除收回本金外还有利润。买了什么也不干，等着涨价后卖掉，属于投机。

　　书画买卖也一样，投资和投机是有区别的。买书画艺术品投资，一方面得到精神上的享受，另一方面又得到实物上的占有，具有双重价值。但如果是纯粹的投机，则意义不大。目前，我国的书画收藏投资过旺，而是投机过旺。作为文化消费、文化产业，无论投资还是投机，都是有益的，有时投资和投机也分不清。就投资有益不必而论。就投机而言，投机活动中若赚到钱，这是财富的创造，是对社会有利的。如果赔钱，则对社会有害，但这种害是相对的。正因为这样，书画收藏千百年来都允许投机买卖存在，总的来说，它是有利的。如果投机完全是碰运气，碰机遇，那么赚和赔的概率差不多，投机者要赚到钱必须对市场有研究，对书画有研究，这就是进步和投机的作用。

　　对一个正常的书画市场有少数的投机专家操作，是能够赚钱的，是对社会有利的。但是如果大家是投机者，投机就变成了博傻，就变成了赌博。对任何一个书

画市场，在正常消费和生产之外有少数专业投机者，他们能够赚到钱，创造财富，对社会有利。从道理上讲，书画投资和书画投机可以互相转换。买来的书画作品把玩、悬挂、欣赏，当大幅上涨了，出售了，投资行为变成了投机行为。所以，书画市场要变富，不但要书画家多创作精品力作，还要人尽其才，物尽其用，把创造出来的艺术作品用好，不断提高使用价值，不断增加社会财富。

赝品如风

当下书画赝品登峰造极，应该也算历史之最了，原因何在？

原因一：买假、卖假、收假、藏假都另有图谋。

原因二：蒙领导、蒙老板、蒙人，图谋利益。

原因三：狐假虎威，以为很能。

原因四：赝品如风，伪专家如风，顶着大头衔的伪专家如风。

原因五：圈内圈外都想借此谋利，混水最好摸鱼。

原因六：售假自古就形成了一个利益链条。每个人都想演一出赝品大换手的好戏。

原因七：真伪书画作品对收藏者非常重要，对投机者则无所谓，对别有用心者更无所谓。

原因八：相关法律法规的缺位。

原因九：规则是一种制度，潜规则是一种游戏，遵守规则的人只能被人领导，而懂游戏规则的人反而如鱼得水，获得大利。

原因十：不懂装懂，人云亦云，虚荣心撑面子。

原因十一：收藏收藏，买到就藏起，不见阳光，不见人。

原因十二：贪图便宜，不懂装懂，自

以为是。

中国嘉德拍卖有限公司春季拍卖会现场，齐白石的《松柏高立图·篆书四言联》以8800万元起拍，直接被拍家叫价1亿元，经过长达45分钟，近50次的激烈竞价，最终落槌价3.7亿元，加上15%佣金，成交价高达4.255亿元，不仅刷新了齐白石个人成交记录，也创下了中国近现代书画作品全球成交记录。《松柏高立图》是齐白石1946年创作的大幅作品。全名为《为蒋介石六十寿诞作松柏高立图及篆书四言联》，纵8尺，宽3尺，为历年市场所见白石画作之最宏大者。在画面的左下方，齐白石题诗一首："松枝垂荫芊芊草，柏树高擎淡淡云。天日晴明风景好，呼鹰围猎八千春。"并签款："八十六岁齐璜"。松鹰是齐白石最喜欢也是观赏者最熟悉的画题之一，"鹰"寓意"英雄"，刚健有力，而"松柏"则有长寿之喻。

此幅作品的疑点有四：一为款识中的"丙戌十月三十一日为主席寿"就断定是为蒋介石60寿诞作太牵强。二为书法篆书的补笔处稍多，与名家的作派相背，正文与题款不协调，与名家风范相背。三为《松柏高立图》题画诗的位置与齐白石的习惯不同，这种题法是与书法对联互补，整体视觉效果相宜，但这恰恰与齐白石喜爱的贴边竖写相背。四为尺幅太大，齐白石当时画画的条件是有限的。齐白石当时没有这样大的画桌。

更可笑的是，有人想找蒋介石的后人来证明此画作的真伪，可见多么的荒唐可笑，都是投机惹的祸，可叹啊！

2009年，吴彬的《十八应真图卷》拍到了1.68亿元，中国书画拍卖市场由此进入了亿元时代。2010年，张大千的《笑痕湖》拍出1.008亿元，徐悲鸿的《巴人涉水图》1.8亿元，王羲之《平安贴》3.08亿元。2011年王蒙的《稚川移居图》拍出了4.025亿元。直到2011年5月，齐白石的《松柏高立图·篆书四言联》拍出创纪录的

4.255亿元。这样下去，将来拍上10亿都是有可能的。

　　中国书画艺术品市场如此成交额，让人欢喜让人忧。不难发现，赝品天价、精品流拍（因为没有利润）、天价拒付款等问题，成了拍卖界的顽疾。我举一级市场拍卖行的例子主要想说明：二级市场、画廊和私下交易的书画赝品更是多如牛毛。

　　名家大家之所以价高就是稀缺。如果大家都在讲我收有齐白石、张大千、潘天寿、吴昌硕等名家的作品，那是真的吗？

　　以7280万元拍出的徐悲鸿《人体蒋碧微女士》也遭疑，甚至说是学生的习作。高价书画作品的背后也许还有热钱、黑钱的身影。

书画与资产配置

　　艺术品是人类创造的物质形态化的特殊产品，具物质与精神双重属性，具有艺术价值、历史价值、文献价值和经济价值，艺术价值是艺术品本身积淀的、固有的、本质的特征；历史价值主要指在历史坐标和历史长河中的贡献；文献价值主要指文物或典籍的作用价值；经济价值则是艺术品进入商品交换流通以后的附加的价值。

　　作为历史悠久的书画艺术，是价值体现的品种，许多投资者早就认识到书画的资产配置功能。《艺术品银行业务发展研究报告》中指出："高收入阶层中有超过20%的人群有收藏的意识和习惯。其中，艺术品价值平均相当于其全部资产的5%，这意味着高收入阶层可以支付超过其财产1%～5%部分投入到书画或其他艺术品收藏。假设全国高收入阶层储额有16万亿元，那么至少每年800亿元资金可以投入到艺术品上。"（这还是一个保守的估计）。在这种背景下，找到艺术与金融的对接模式就可能成为直接制约艺术资本市场发展前景的重要因素。这种模式应该具有以下的作用。

　　一是满足广大投资者的需求。

　　二是拓展了融资渠道。

　　三是确定书画艺术品的资产属性。

　　四是减少了投资风险，增加了投资的安全性。

　　五是对书画艺术家及艺术作品的宣传效应。

　　六是书画艺术品价格的理性增长。

　　七是解决了书画艺术品的变现平台和渠道。

　　八是普通收藏投资者有可能分享到天价的、顶级的、高端的艺术作品的投资收

益。

目前，中国金融体制不发达，一定程度上影响了艺术产业的发展，艺术品证券、艺术品信托、艺术品保险、艺术品投资基金的不完善、不规范、甚而缺席，削弱了艺术品的流动性和变现力，一个没有资本介入的市场是没有前途的市场。书画艺术只有金融化、资产化、资本化才能使更多的资金流向艺术品，所以我们说，资本介入程度往往标志着艺术品市场的火热度、成熟度和辉煌度。

书画与资产配置不是选择，而是必须。当艺术品成为一种重要的投资渠道与载体，中国书画投资而非投机的时代就到来了。

中国民生银行的"非凡理财·艺术品投资计划"为代表的公募艺术投资基金的出现，正在改变中国艺术品市场的资本格局。

书画：权钱勾兑载体

全国每年的艺术品拍卖成交额近1000亿元，其中至少有600亿元由中国书画支撑，这个格局不会变，甚而会有过之，可见字画市场行情有多火爆。

北京琉璃厂、潘家园市场、劲松古玩城等地，周末游人如织，到处都有寻觅名家书画的身影。真懂真喜爱的人有几成不得而知，大多都是为权为利而去的。应该说中国书画比较符合中国人的审美趣味，况且中国人从古至今已自觉玩了近2000年，也比瓷器古董更容易保管、收藏和保值，变现也不难，所以哪怕是名家赝品，总有人接盘。

名家字画很昂贵，主要是用于办事送礼。由于字画的价格浮动大，不出事的时候能保值增值观赏悦目，出了事可以说是赝品、仿品和习作，薄纸一张，一文不值。字画已经悄然取代娘子、票子、车子、房子，成为中国当下最流行也最保险的权钱勾兑载体。如当代名家范曾的画，行情是每平方尺24万元，近80%的成交可能是用来送礼的。

无论是赖昌星，无论是落马高官，皆有这种雅贿。厦门海关原副关长收下一幅九位名家联袂创作的《牡丹

图》后，为赖昌星的走私一路绿灯。原河北省国税局局长李真、湖南郴州前市委书记李大伦、杭州市前副市长许迈永、重庆市前司法局局长文强等等，他们家里的储物室，简直就是一个小型书画博物馆，里面不仅有历代名家的画，还有近现代名家的精品，如张大千、齐白石、傅抱石，当代名家如启功、沙孟海、孙其峰、王伯敏。甚至有中青年名家的代表作。

这些年，在北京、杭州、上海、深圳等地的名家作品一路看涨，成倍涨价，这都是社会、市场各方面需求的结果，这种风气从发达地区向内陆蔓延。还有些领导就认北京书画家的字画，只要是顶着北京来的书画家名号，就有不俗的成交。还有些美协、书协任主席、副主席职务的艺术家，"走穴"成风，到处皆有"出场费"。当代名家的作品，有些还配上创作的照片，向别人证明是真迹。当然对于接受贿赂官员、要员而言，字画的确是可以随手变现的硬通货，有的真假都不顾了。

艺术批评家栗宪庭曾公开撰文批评，中国书画已变成官商洗钱的途径之一，中国书画价格涨落成了权力社会利益的k线图和晴雨表。

书画作品曾经的精英游戏，正成为大家的宠物，无论是显性富人还是隐性富人，都在一试身手。